Reading 16

成就自己的閱讀方法

北大學者談讀書

肖東發——編選

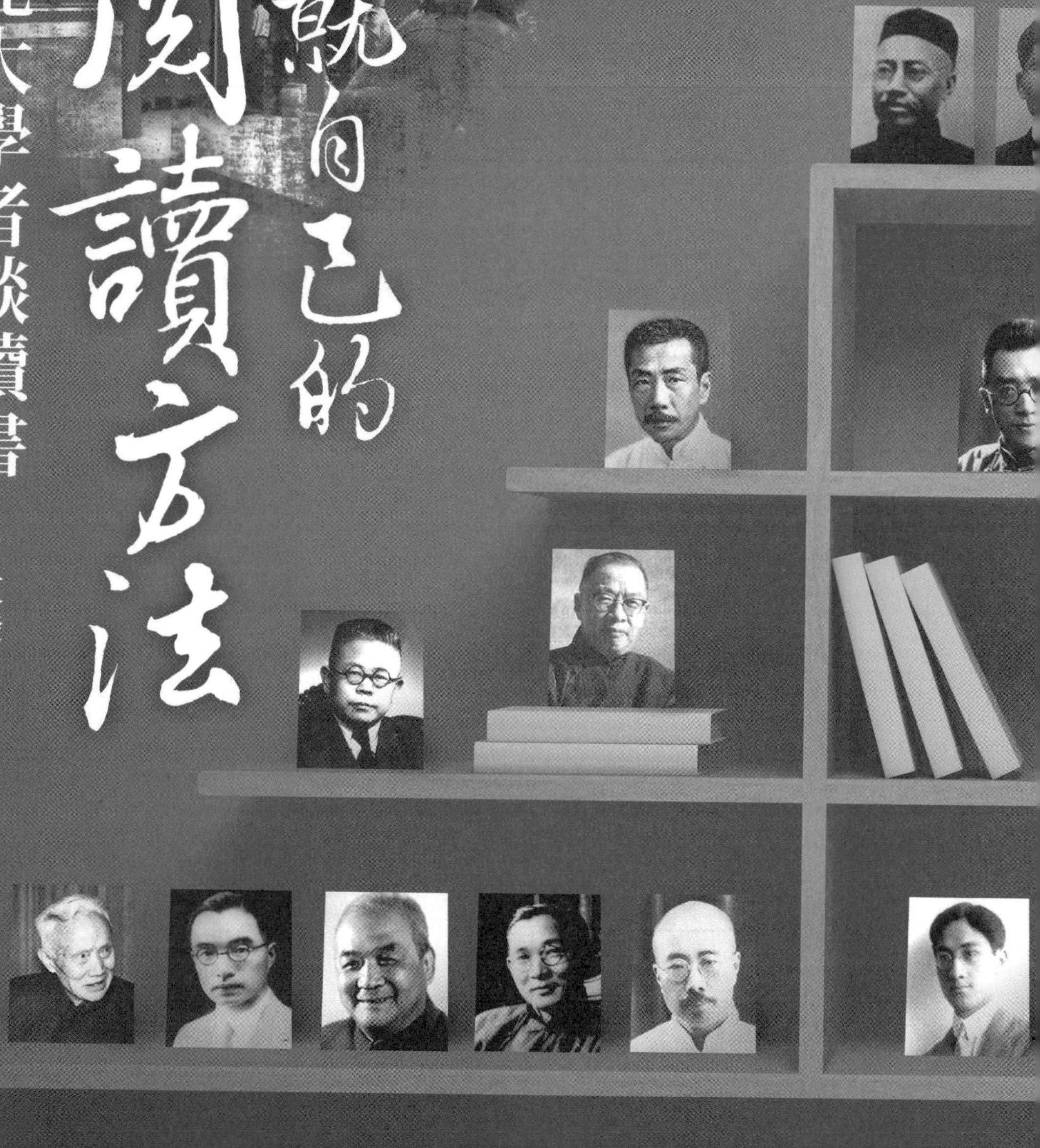

序言

這本書以第一任北京大學校長嚴復（幾道）居首，然後依每位學者出生的年代為序，直至目前做為骨幹力量尚在北大任教的知名學者，共收集了四十六位作者的談讀書的文章（每人只收一篇）。其中絕大部分內容是介紹自己讀書治學的心得體會，除了具有緬懷前輩學者的紀念意義外，還可以對青年知識分子的讀書求知起到啟迪指導的教育作用，同時也大體認識這一百年來北大在培養人才方面的整體趨向。遺憾的是，與北大有「血緣」關係的知名人士遠不止此戔戔之數，屬於這一類的文章也還大有可選的餘地。本書之成，由於時間倉促，實不免貽人以掛一漏萬之譏。這一切只能有待於將來進行彌補了。

做為學者，一般總是從讀書治學開始，逐步達到學有所成而著書立說。不僅為科研領域添磚加瓦，而且其中一部分出類拔萃者更發表了具有真知灼見、創解卓識的論著，以躋身世界學術之林。儘管他們所走的途徑不同，所用的方法不同，所切入的突破口不同，所要抵達的彼岸（最終目的）更是各不相同；但整體看來，其成功的關鍵都離不開「勤奮努力、好學深思」這八個字。我們過去說每個人先天稟賦不同，今天也承認人與人智商各異，但凡是在學術方面有所成就的專家學者，並不只限於少數天才人物。有些學者看起來並無過人穎慧，而終於能以其畢生不懈的努力，結出了人所不及的豐碩的學術成果。古人說「勤能補拙」，我看只要一個人肯勤奮努力，不惜下笨功夫，所謂「人一之，己百之」，不但能「補拙」，而且還能「益智」而「生巧」。一個聰明絕頂的人，再加上勤奮努力與好學深思，自然會成為學術上的名家巨擘。近、現代的學術界，被公認為大師的前輩學者，稍遠者如王國維、魯迅，晚近如陳寅恪、錢鍾書，除了先天稟賦已非人所能及的自然條件之外，他們無不刻苦勤奮，一生在堅持著「讀書破萬卷」的實踐功夫，否則必不能卓爾不群，成為一代宗師。

蓋所謂「天才」，倘無「學力」以輔之，有些還未必真能超過「人一之，己百之」那種以「勤」補「拙」的「凡」人、「笨」人。當然，所謂「勤」初不限於博覽與記誦，還要勤於思考，善於舉一反三，觸類旁通。古人說：「思之思之，思之不得，鬼神通之。」實際上使之「通」者並非「鬼神」，而是在不斷思考中使智商有所提高，然後回過頭來增助於自己對問題更進一步、更深一層的思考，成為良性循環，最終乃臻於彼岸。希望親愛的讀者能從本書所收的幾十篇文章中有所領會，並在自己的學術實踐方面得到裨益，則編選者的點滴心血就不算白費，同時也了卻做為北大人的一樁心願。

目錄 Contents

西學門徑功用

嚴復

昔英人赫胥黎著書名《化中人位論》，大意為：人與獮猴為同類，而人所以能為人者，在能言語。蓋能言而後能積智，能積智者，前代閱歷，傳之後來，繼長增高，風氣日上，故由初民而野蠻，由野蠻而開化也。此即教學二事之起點。當未有文字時，只用口傳。故中文舊訓以十口相傳為「古」，而各國最古之書，多係韻語，以其易於傳記也。孔子言：「言之無文，行之不遠。」有文無文，亦謂其成章可傳誦否耳。究之語言文字之事，皆根心而生，楊雄言：「言，心聲也；書，心畫也。」最為諦當。英儒培根亦云：「世間無物為大，人為大；人中無物為大，心為大。」故生人之事，以煉心積智為第一要義。煉心精、積智多者為學者。否則常民與野蠻而已。顧知煉心矣，心有二用：一屬於情，一屬於理。情如詩詞之類，最顯者中國之《離騷》。理，凡載道談理之文皆是。然而理，又分兩門：有記事者，有析理者。而究之記事之文，亦用此以為求理之資，所謂由博反約、博文約禮皆此意也。

大抵學以窮理，常分三際。一曰考訂，聚列同類事物而各著其實。二曰貫通，類異觀同，道通為一。考訂或謂之觀察，或謂之演驗。觀察演驗，二者皆考訂之事而異名者。蓋極物窮

理，有非人力所能變換者，如日星之行，風俗代變之類；有可以人力駕馭移易者，如爐火樹畜之類是也。考訂既詳，乃會通之以求其所以然之理，於是大法公例生焉。此大《易》所謂聖人有以見天下之會通以行其典禮，此之典禮，即西人之大法公例也。中西古學，其中窮理之家，其事或善或否，大致僅此兩層。故所得之大法公例，往往多誤，於是近世格致家乃救之以第三層，謂之試驗。試驗愈周，理愈靠實矣，此其大要也。

吾人為學窮理，志求登峰造極，第一要知讀無字之書。培根言：「凡其事其物為兩間之所有者，其理即為學者之所宜窮。所以無大小，無貴賤，無穢淨，知窮其理，皆資妙道。」此佛所謂牆壁瓦礫，皆說無上乘法也。赫胥黎言：「能觀物觀心者，讀大地原本書；徒向書冊記載中求者，為讀第二手書矣。」讀第二手書者，不獨因人作計，終當後人；且人心見解不同，常常有誤，而我信之，進而誤矣，此格物家所最忌者。而政治道德家，因不自用心而為古人所蒙，經顛倒拂亂而後悟者，不知凡幾。諸公若問中西二學之不同，即此而是。又若問西人後出新理，何以如此之多，亦即此而是也。而於格物窮理之用，其塗術不過二端。一曰內導；一曰外導。此二者不是學人所獨用，乃人人自有生之初所同用者，用之，而後智識日辟者也。內導者，合異事而觀其同，而得其公例。粗而言之，今有一小兒，不知火之燙人也，今日見燭，手觸之而爛；明日又見爐，足踐之而又爛；至於第三次，無論何地，見此炎炎而光，烘烘而熱者，即知其能傷人而不敢觸。且苟欲傷人，且舉以觸之。此用內導之最淺者，其所得公例，便是火能燙人一語。其所以舉火傷物者，即是外導術。蓋外導術，於意中皆有一例。次一案，二一斷，火能燙人是例，吾所持者是火是案，故必燙人是斷。合例、案、斷三者，於名學中成一聯珠，及以傷人而人果傷，則試驗印證之事矣。故曰印證愈多，理愈堅確也。名學析之至細如此，然人日用之而不知。須知格致所用之術，質而言之，不過如此。特其事尤精，因有推究精微之用，如化學、力學，如天、地、人、動、植諸學多內導。至於名、數諸學，則多外導。學至外導，則可據已然已知以推未然未知者，此民智最深時也。

諸公在此考求學問，須知學問之事，其用皆二：一、專門之用；二、公家之用。何謂專門之用？如算學則以核數，三角則以測量，化學則以製造，電學則以為電工，植物學則以栽種之類，此其用已大矣。然而雖大而未大也，公家之用最大。公家之用者，舉以煉心制事是也。故為學之道，第一步則須為玄學。玄者懸也，謂其不落遙際，理該眾事者也。玄學一名、二數，自九章至微積，方維皆麗焉。人不事玄學，則無由審必然之理，而擬於無所可擬。然其事過於潔淨精微，故專事此學，則心德偏而智不完，於是，則繼之以玄著學，有所附矣，而不囿於方隅。玄著學，一力，力即氣也。水、火、音、光、電磁諸學，皆力之變也。二質，質學即化學也。力質學明，然後知因果之相待。無無因之果，無無果之因，一也；因同則果同，果巨則因鉅，二也。而一切謬悠如風水、星命、禨祥之說，舉不足以惑之矣。然玄著學明因果矣，而多近果近因，如氣動則機行，氣輕則風至是也，而無悠久繁變之事，而心德之能，猶未備也，故必受之以著學。著學者用前數者之公理大例而用之，以考專門之物者也。如天學，如地學，如人學，如動植之學。非天學無以真知宇之大，非地學無以真知宙之長。二學者精，其人心猶病

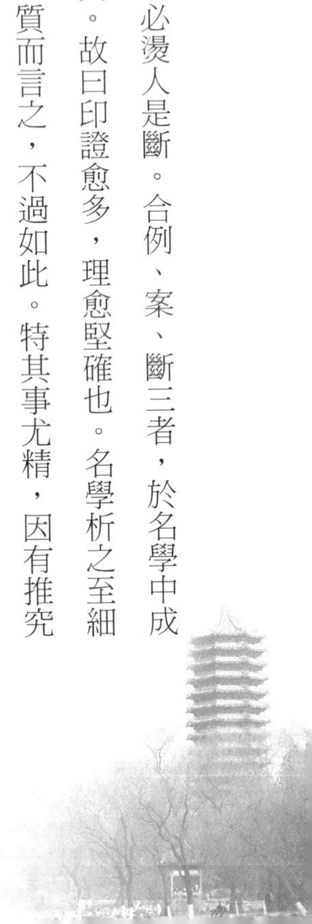

卑狹鄙陋者，蓋亦罕矣！至於人學，其蕃變猶明，項於人事至近。夫如是，其於學庶幾備矣。然而尚未盡也，必事生理之學，其統名曰拜歐勞介，而分之則體用學、官骸學是也。又必事心理之學，生、心二理明，而後終之以群學。群學之目，如政治，如刑名，如理財，如史學，皆治事者所當有事者也。凡此云云，皆煉心之事。至如農學、兵學、御舟、機器、醫藥、礦務，則專門之至溢者，隨有遭遇而為之可耳。夫唯人心最貴，故有志之士，所以治之者不可不詳。而人道始於一身，次於一家，終於一國。故最要莫急於奉生，教育子孫次之。而人生有群，又必知所以保國善群之事，學而至此，殆庶幾矣。諸君子力富而志卓，有心力者任自為之，仆略識塗徑，聊為老馬之導，非曰能之也。

嚴復（1854~1921），福建侯官人。中國近代資產階級啟蒙思想家，向西方尋求真理的代表人物之一。曾任京師大學堂總監、京師大學堂編譯局總辦。是第一位系統地將西方社會學、政治學、政治經濟學、哲學和自然科學等知識介紹到中國的先進學者。其著作編入《侯官嚴氏叢刻》、《嚴幾道詩文抄》，代表性譯著有《天演論》、《原富》、《法意》、《社會通詮》、《群學肄言》。

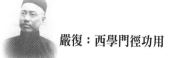

我的讀書經驗

蔡元培

我自十餘歲起，就開始讀書，讀到現在，將滿六十年了，中間除大病或其他特別原因外，幾乎沒有一日不讀點書的，然而我也沒有什麼成就，這是讀書不得法的緣故。我把不得法的概略寫出來，可以為前車之鑑。

我的不得法第一是不能專心。我初讀書的時候，讀的都是舊書，不外乎考據詞章兩類。我的嗜好，在考據方面，是偏於詁訓及哲理的，對於典章名物，是不大耐煩的；在詞章上，是偏於散文的，對於駢文及詩詞，是不大熱心的。然而以一物不知為恥，種種都讀，並且算學書也讀，醫學書也讀，都沒有讀通。所以我曾經想編一部說文聲系義證，又想編一本公羊春秋大義，都沒有成書，所為文辭，不但駢文詩詞，沒有一首可存的，就是散文也太平凡了。到了四十歲以後我始學德文，後來又學法文，我都沒有好好兒做那記生字練文法的苦工，而就是生吞活剝看書，所以至今不能寫一篇合格的文章，做一回短期的演說。在德國進大學聽講以後，哲學史、文學史、文明史、心理學、美學、美術史、民族學統統去聽，那時候這幾類的參考書，也就亂讀起來了。後來雖勉自收縮，以美學與美術史為主，輔以民族學，然而他類的書終

不能割愛，所以想譯一本美學，想編一部比較的民族學，也都沒有成書。

我的不得法，第二是不能動筆。我的讀書，本來抱一種利己主義，就是書裡面的短處，我不大去搜尋它，我正注意於我所認為有用的或可愛的資料。這本來不算壞，但是我的壞處，就是我雖讀的時候注意於這幾點，但往往為速讀起見，無暇把這幾點摘抄出來，或在書上做一點特別的記號，若是有時候想起來，除了德文書檢目特詳，尚易檢尋外，其他的書幾乎不容易尋到了。我國現雖有人編「索引」、「引得」等等，專門的辭典也逐漸增加，尋檢自然較易，但各人有各自的注意點，普通的檢目，斷不能如自己記別的方便。我嘗見胡適之先生有一個時期，出門時常常攜一、兩本線裝書，在舟車上或其他忙裡偷閒時翻閱，見到有用的資料，就折角或以鉛筆做記號。我想他回家後或者尚有摘抄的手續。我記得有一部筆記，說王漁洋讀書時，遇有新雋的典故或詞句，就用紙條抄出，貼在書齋壁上，時時覽讀，熟了就揭去，換上新的，所以他記得很多。這雖是文學上的把戲，但科學上何嘗不可以仿做呢？我因從來懶得動筆，所以沒有成就。

我的讀書的短處，我已經經歷了許多的不方便，特地寫出來，望讀者鑑於我的短處，第一能專心，第二能動筆，這一定有許多成效。

蔡元培（1868～1940），浙江紹興人。中國近代著名教育家、文學評論家、民主革命家。早年宣傳民主思想，鼓動革命，倡導教育。曾組織光復會、中國教育會，創辦僑農小學、愛國女校、愛國學社及《蘇報》、《警鐘》等報刊，推動留法勤工儉學，提倡學術研究。1912年任南京臨時政府教育總長，1917年出任北京大學校長，1927年任南京政府大學院院長（教育部長），後繼任中央研究院院長。主要著述有《哲學大綱》、《倫理學原理》、《石頭記索隱》、《蔡元培言行錄》等。

讀書雜談

魯迅

因為知用中學的先生們希望我來演講一回，所以今天到這裡和諸君相見。不過我也沒有什麼東西可講。忽而想到學校是讀書的所在，就隨便談談讀書。是我個人的意見，姑且供諸君參考，其實也算不得什麼演講。

說到讀書，似乎是很明白的事，只要拿書來讀就是了，但是並不這樣簡單。至少，就有兩種：一是職業的讀書，一是嗜好的讀書。所謂職業的讀書者，譬如學生因為升學，教員因為要講功課，不翻翻書，就有些危險的就是。我想在座的諸君之中一定有些這樣的經驗，有的不喜歡算學，有的不喜歡博物，然而不得不學，否則，不能畢業，不能升學，對將來的生計便有妨礙了。我自己也這樣，因為做教員，有時非看不喜歡看的書不可，要不這樣，怕不久便會於飯碗有妨。我們習慣了，一說起讀書，就覺得是高尚的事情，其實這樣的讀書，和木匠的磨斧頭，裁縫的理針線並沒有什麼分別，並不見得高尚，有時還很苦痛，很可憐。你愛做的事，偏不給你做，你不愛做的，倒非做不可。這是由於職業和嗜好不能合一而來的。倘能夠大家去做愛做的事，而仍然各有飯吃，那是多麼幸福。但現在的社會還做不到，所以讀書的人們的最大部分，大概是勉勉強強的，帶著苦痛的為職業的讀書。

現在再講嗜好的讀書罷。那是出於自願，全不勉強，離開了利害關係的。——我想，嗜好的讀書，該如愛打牌的一樣，天天打，夜夜打，連續的去打，有時被公安局捉去了，放出來之後還是打。諸君要知道真打牌的人的目的並不在贏錢，而在有趣，牌有怎樣的有趣呢？我是外行，不大明白。但聽得愛賭的人說，它妙在一張一張的摸起來，永遠變化無窮。我想，凡嗜好的讀書，能夠手不釋卷的原因也就是這樣，他在每一頁每一頁裡，都得著深厚的趣味。自然，也可以擴大精神，增加智識的。但這些倒都不計及，一計及，便等於意在贏錢的博徒了，這在博徒之中，也算是下品。

不過我的意思，並非說諸君應該都退了學，去看自己喜歡看的書去，這樣的時候還沒有到來；也許始終不會到，至多，將來可以設法使人們對於非做不可的事發生較多的興味罷了。我現在是說，愛看書的青年，大可以看看本分以外的書，即課外的書，不要只將課內的書抱住。但請不要誤解，我並非說，譬如在國文講堂上，應該在抽屜裡暗看《紅樓夢》之類；乃是說，應做的功課已完而有餘暇，大可以看看各樣的書，即使和本業毫不相干的，也要泛覽。譬如學理科的，偏看看文學書，學文學的，偏看看科學書，看看別人在那裡研究的，究竟是怎麼一回事。這樣子，對於別人、別事，可以有更深的瞭解。現在中國有一個大毛病，就是人們大概以為自己所學的一門是最好、最妙、最要緊的學問，而別的都無用，都不足道的，弄這些不足道的東西的人，將來該當餓死。其實是，世界還沒有如此簡單，學問都各有用處，要定什麼是頭

等還很難。也幸而有各式各樣的人，假如世界上全是文學家，到處所講的不是「文學的分類」便是「詩之構造」，那倒反而無聊得很了。

不過以上所說的，是附帶而得的效果，嗜好的讀書，本人自然並不計及那些，就如遊公園似的，隨隨便便去，因為隨隨便便，所以不吃力，所以會覺得有趣。如果一本書拿到手，就滿心想道，「我在讀書！」「我在用功了！」那就容易疲勞，因而減掉興味，或者變成苦事了。

我看現在的青年，為興味的讀書的是有的，我也常常遇到各樣的詢問。此刻就將我所想到的說一點，但是只限於文學方面，因為我不明白其他的。

第一，是往往分不清文學和文章。甚至於已經來動手做批評文章的，也免不了這毛病。其實粗粗的說，這是容易分別的。研究文章的歷史或理論的，是文學家，是學者；做做詩，或戲曲小說的，是做文章的人，就是古時候所謂文人，此刻所謂創作家。創作家不妨毫不理會文學史或理論，文學家也不妨做不出一句詩。然而中國社會上還很誤解，你做幾篇小說，便以為你一定懂得小說概論，做幾句新詩，就要你講詩之原理。我也嘗見想做小說的青年，先買小說法程和文學史來看。據我看來，是即使將這些書看爛了，和創作也沒有什麼關係的。

事實上，現在有幾個做文章的人，有時也確去做教授。但這是因為中國創作不值錢，養不活自己的緣故。聽說美國小說家的一篇中篇小說，時價是兩千美金；中國呢？別人我不知道，我自己的短篇寄給大書鋪，每篇賣過二十元。當然要尋別的事，例如教書，講文學。研究是要用理智，要冷靜的，而創作需情感，至少總得發點熱，於是忽冷忽熱，弄得頭昏，——這也是職業和嗜好不能合一的苦處。苦倒也罷了，結果還是什麼都弄不好，那證據，是試翻世界文學史，那裡面的人，幾乎沒有兼做教授的。

還有一種壞處，是一做教員，未免有顧忌；教授有教授的架子，不能暢所欲言。這或者有人要反駁：那麼，你暢所欲言就是了，何必如此小心。然而這是事前的風涼話，一到有事，不知不覺地他也要從眾來攻擊的。而教授自身，縱使自以為怎樣放達，下意識裡總不免有架子在。所以在外國，稱這「教授小說」的東西倒並不少，但是不大有人說好，至少，是總難免有令人發煩的炫學的地方。

所以我想，研究文學是一件事，做文章又是一件事。

第二，我常被詢問：要弄文學，應該看什麼書？這實在是一個極難回答的問題。先前也曾有幾位先生給青年開過一大篇書目。但從我看來，這是沒有什麼用處的，因為我覺得那都是開書目的先生自己想要看或者未必想要看的書目。我以為倘要弄舊的呢？倒不如姑且靠著張之洞的《書目答問》自摸門徑去。倘是新的，研究文學，則自己先看看各種的小本子，如本間久雄的《新文學概論》，廚川白村的《苦悶的象徵》，瓦浪斯基們的《蘇俄的文藝論戰》之類，然後自己再想想，再博覽下去。因為文學的理論不像算學，二二一定得四，所以議論很紛歧。如第三種，便是俄國的兩派的爭論，——我附帶說一句，近來聽說連俄國的小說也不大有人看了，似乎一看見「俄」字就吃驚，其實蘇俄的新創作何嘗有人介紹，此刻譯出的幾本，都是革命前的作品，作者在那邊都已經被看做反革命的了。倘要看看文藝作品呢？則先看幾種名家的選本，從中覺得誰的作品自己最愛看，然後再看這一個作者的專集，然後再從文學史上看看他在史上的位置；倘要知道得更詳細，就看一、兩本這人的傳記，那便可以大略瞭解了。如果專是請教別人，則各人的嗜好不同，知識格不相入的。

第三，說幾句關於批評的事。現在因為出版物太多了。——其實有什麼呢？而讀者因為不勝其紛紜，便渴望批評，於是批評家也便應運而起。批評這東西，對於讀者，至少對於和這批評家趣旨相近的讀者，是有用的。但中國現在，似乎應該暫作別論。往往有人誤以為批評家對於創作是操生殺之權，佔文壇的最高位的，就忽而變成批評家；他的靈魂上掛了刀。但是怕自己的立論不周密，便主張主觀，有時怕自己的觀察別人不看重，又主張客觀；有時說自己的作文根柢全是同情，有時將校對者罵得一文不值。凡中國的批評文字，我總是越看越糊塗，如果當真，就要無路可走。印度人是早知道的，有一個很普通的比喻。他們說：一個老翁和一個孩子用一匹驢子馱著貨物出去賣，貨賣出了，孩子騎驢回來，老翁跟著走。但路人責備他了，說是不曉事，叫老年人徒步。他們便換了一個地位，而旁人又說老人狠心；老人忙將孩子抱到鞍鞽上，後來看見的人卻說他們殘酷；於是都下來，走了不久，可又有人笑他們了，說他們是呆子，空著現成的驢子卻不騎。於是老人對孩子嘆息道，我們只剩了一個辦法了，是我們兩人抬著驢子走。無論讀，無論做，倘若旁徵博訪，結果是往往會弄到抬驢子走的。

不過我並非要大家不看批評，不過說看了之後，仍要看看本書，自己思索，自己做主。看別的書也一樣，仍要自己思索，自己觀察。倘只看書，便變成書櫥，即使自己覺得有趣，而那趣味其實是已在逐漸硬化，逐漸死去了。我先前反對青年躲進研究室，也就是這意思，至今有些學者，還將這話算作我的一條罪狀哩！

聽說英國的蕭伯納（Bernard Shaw），有過這樣意思的話：世間最不行的是讀書者。因為他只能看別人的思想藝術，不用自己。這也就是叔本華（Schopenhauer）之所謂腦子裡給別人跑馬。較好的是思索者。因為能用自己的生活力了，但還不免是空想，所以更好的是觀察者，他用自己的眼睛去讀世間這一部活書。

這是的確的，實地經驗總比看、聽、空想確鑿。我先前吃過乾荔枝、罐頭荔枝、陳年荔枝，並且由這些推想過新鮮的好荔枝。這回吃過了，和我所猜想的不同，非到廣東來吃就永不會知道。但我對於蕭所說，還要加一點騎牆的議論。蕭是愛爾蘭人，立論也不免有些偏激的。我以為假如從廣東鄉下找一個沒有歷練的人，叫他從上海到北京或者什麼地方，然後問他觀察所得，我恐怕是很有限的，因為他沒有練習過觀察力。所以要觀察。還是先要經過思索和讀書。

總之，我的意思是很簡單的：我們自動的讀書，即嗜好的讀書，請教別人是大抵無用，只好先行泛覽，然後抉擇於人對自己所愛的較專的一門或幾門；但專讀書也有弊病，所以必須和實社會接觸，使所讀的書活起來。

魯迅（1881～1936），浙江紹興人。偉大的文學家、思想家、革命家，新文化運動代表人物，中國現代文學奠基人。1920年秋到1926年夏，曾在北京大學任教，講授中國小說史。投身並領導「五四」文化運動，創辦了多種文學刊物與多個文學團體。1930年在上海籌備成立「中國左翼作家聯盟」，成為文化革命的旗手。被周恩來譽為「將沒有路的路開闢出來的先鋒」。一生創作不綴，以雜文、小說、散文成就最大，寫有享譽世界文壇的《阿Q正傳》、《狂人日記》、《祥林嫂》等，輯有雜文集《吶喊》、《彷徨》、《且介亭雜文》等，散文集《朝花夕拾》、《野草》等，譯作有《藝術論》、《十月》、《死靈魂》等。今有《魯迅全集》、《魯迅選集》刊行於世。

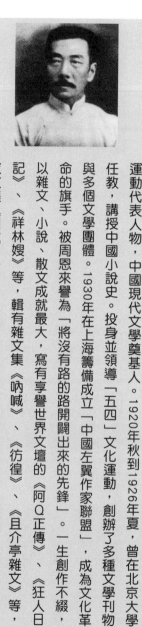

讀書的經驗

周作人

買到一冊新刻的《汴宋竹枝詞》，李於潢著，卷頭有蔣湘離的一篇李李村墓誌銘，寫得詼詭而又樸實，讀了很是喜歡，查《七經樓文抄》裡卻是沒有。我看著這篇文章，想起自己讀書的經驗，深感到這件事之不容易，摸著門固難，而指點向人亦幾乎無用。在書房裡我唸過《四書》、《五經》，《唐詩三百首》與《古文析義》，只算是學了識字，後來看書乃是從閒書學來，《西遊記》與《水滸傳》，《聊齋誌異》與《閱微草堂筆記》，可以說是兩大類。至於文章的好壞，思想的是非，知道一點別擇，那還在其後，也不知道怎樣的能夠得門徑，恐怕其實有些是偶然碰著的吧！即如蔣子瀟，我在看見《遊藝錄》以前，簡直不知道有這麼一個人，父師的教訓向來只說周程張朱。便是我愛雜覽，不但道咸後的文章，即使今人著作裡，也不曾告訴我蔣子瀟的名字，我之因《遊藝錄》而愛好他，再去找《七經樓文》與《春暉閣詩》來讀，想起來真是偶然。可是不料偶然又偶然，我在中國文人中又找出俞理初、袁中郎、李卓吾來，大抵是同樣的機緣，雖然今人推重李卓老者不是沒有，但是我所取者卻非是破壞而在其建設，其可貴處是合理有情，奇辟橫肆都只是外貌而已。我從這些人裡取出來的也就是這一些些。正

如有取於佛菩薩與禹稷之傳說，以及保守此傳說精神之釋子與儒家。這話有點說得遠了。總之這些都是點點滴滴的集合攏來，所謂粒粒皆辛苦的，在自己看來覺得很可珍惜，同時卻又深知道對於別人無甚好處，而仍不免常要饒舌，豈真敝帚自珍，殆是舊性難改乎。

外國書讀得很少，不敢隨便說，但取捨也總有的。在這裡我也未能領解正統的名著，只是任意挑了幾個，別無名人指導，差不多也就是偶然碰著，與讀中國書沒有什麼兩樣。我所找著的，在文學批評是丹麥勃蘭兌思，鄉土研究是日本柳田國男，文化人類學是英國茀來則，性的心理是藹理斯。這都是世界的學術大家，對於那些專門學問我不敢伸一根指頭下去，可是拿他們的著作來略為涉獵，未始沒有益處，只要能吸收一點進來，使自己的見識增深或推廣一分也好。回過去看人生能夠多少明白一點，就很滿足了。近年來時常聽到一種時髦話，慨嘆說中國太歐化了，我想這在服用娛樂方面或者還勉強說得，若是思想上哪裡有歐化氣味，所有的恐怕只是道士氣、秀才氣以及官氣而已。想要救治，卻正用得著科學精神，這本來是希臘文明的產物，不過至近代而始光大，實在亦即是王仲任所謂疾虛妄的精神，也本是儒家所具有者也。我不知怎的覺得西哲如藹理斯等的思想實在與李俞諸君還是一鼻孔出著氣的，所不同的只是後者靠直覺懂得了人情事理，前者則從學理通過了來，事實雖是差不多，但更是確實，蓋智慧從知識上來者其根基自深固也。這些洋書並不怎麼難於消化，只需有相當的常識與虛心，如中學辦的適宜，這與外國文的學力都不難習得，此外如再有讀書的興趣，這件事便已至少有了八分光了。我自己讀書一直是暗中摸索，雖然後來找到一點點東西，總是事倍功半。因此常想略有陳述，貢其一得，若野芹蜇口，恐亦未免，唯有惶恐耳。

近來因為漸已懂得文章的好壞，對於自己所寫的絕不敢自以為好，若是裡邊所說的話，那又是別一問題。我從民國六年以來寫白話文，近五、六年寫的多是讀書隨筆，不怪小朋友們的厭惡，我自己也戲稱曰文抄公，不過說盡是那麼說，寫也總是寫著，覺得這裡邊不無有些可取的東西。對於這種文章不以為非的，想起來有兩個人，其一是一位外國的朋友，其二是亡友燁齋。燁齋不是他的真名字，乃是我所戲題，可是寫信時也曾用過，可以算是受過默許的，他於最後見面的一次還說及，他自己覺得這樣的文很有意思，雖然青年未必能解，有如他的小世兄，便以為這些都是小品文，文抄公，總是該死的。那時我說，自己並不以為怎麼了不得，但總之要想說自己所能說的話，假如關於某一事物，這些話別人來寫也會說的，我便不想來寫。有些話自然也是頗無味的，但是如《瓜豆集》的頭幾篇，關於鬼神、家庭、婦女，特別是唱妓問題，都有我自己的意見在，而這些意見有的就是上邊所說的讀書的結果，我相信這與別人不盡同，就是比我十年前的意見也更是正確，所以人家不理解，於別人不能有好處，雖然我十分承認，且以為當然，然而在同時也相信這仍是值得寫，因為我終究只是一個讀書人，讀書所得就只這一點，如不寫點下來，未免可惜，在這裡我知道自己稍缺少謙虛，卻也是無法，我不喜歡假話，自己不知道的都已除掉，略有所知的就不能不承認，如再謙讓亦即是說誑了。至於此

外許多事情，我實在不大清楚，所以我總是竭誠謙虛的。

周作人（1885～1967），浙江紹興人。著名散文家、詩人、文學翻譯家。曾任北京大學教授，東方文學系主任。著述甚豐，作品集達五十餘種。如《知堂文集》、《苦茶隨筆》、《書屋一角》、《新文學的源流》、《域外小說集》等。

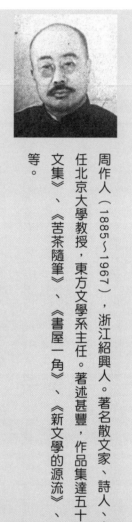

讀書與讀自然書

李四光

什麼是書？書就是好事的人用文字或特別的符號，或兼用圖畫將天然的事物或著者的理想（幻想、妄想、濫想都包在其中）描寫出來的一種東西。這個定義如若得當，我們無妨把現在世界上的書籍分作幾類：（甲）原著，內含許多著者獨見的事實，或許多新理想、新意見，或二者兼而有之。（乙）集著，其中包羅各專家關於某某問題所搜集的事實，並對於同項問題所發表的意見，精華叢聚，配置有條，著者或參以己見，或不參以己見。（丙）選著，擇錄大著作精華，加以鍛鍊，不遺要點，不失真諦。（丁）竊著，拾取一兩人的唾餘，敷衍成篇，或含糊塞責，或斷章取義。竊著著者，名者書盜。假若秦皇再生，我們對於這種竊著書盜，似不必予以援助。各類的書籍既是如此不同，我們讀書的人應該注意選擇。

什麼是自然？這個大千世界中，也可說是四面世界（Four dimensional world）中所有的事物都是自然書中的素材。這些素材最真實，它們的配置最適當。如若世界有美的事，這一大塊文章，我們不能不承認它再美沒有。可惜我們的機能有限，生命有限，不能把這一本大百科全書一氣讀完。如是學「科學方法」的問題發生，什麼叫做科學的方法？那就是讀自然書的方法。

書是死的，自然是活的。讀書的功夫大半在記憶與思索（有人讀書並不思索，我幼時讀四子書就是最好的一個例）。讀自然書，種種機能非同時並用不可，而精確的觀察尤為重要。讀書是我和著者的交涉，讀自然書是我和物的直接交涉。所以讀書是間接的求學，讀自然書乃是直接的求學。讀書不過為引人求學的頭一段功夫，到了能讀自然書方算得真正讀書。只知道書不知道自然的人名曰「書呆子」。

世界是一個整體，各部彼此都有密切的關係，我們硬把它分做若干部，是權宜的辦法，是對於自然沒有加以公平的處理，大家不注意這種辦法是權宜的，是假定的，所以釀出許多科學上的爭論。Jevons說按期經濟的恐慌源於天象，人都笑他，殊不知我們吃一杯茶已經牽動太陽，倒沒有人引以為怪。

我們笑腐儒讀書，斷章取義咸引為戒。今日科學家往往把他們的問題縮小到一定的範圍，或把天然連貫的事物硬劃做幾部，以為在那個範圍裡的事物弄清楚了的時候，他們的問題就完全解決了，這也未免在自然書中斷章取義。這一類科學家的態度，我們不敢贊同。

我覺得我們讀書總應竭我們五官的能力（五官以外還有認識的能力與否我們現在還不知道）去讀自然書。把尋常的讀書當作讀自然書的一個階段。讀自然書時我們不可忘卻，我們所讀的一字一句（即一事一物）的意義還視全書全篇的意義為意義，否則成一個自然書呆子。

李四光（1889～1971），湖北黃岡人。著名科學家、地質力學創立者。1920年後在北京大學地質系任教授。新中國成立，旋即回國從事科學研究等工作。為中國大慶等油田的發現做出重大貢獻。曾任中國科協主席、全國政協副主席。

讀書

胡適

「讀書」這個題，似乎很平常，也很容易。然而我卻覺得這個題目很不好講。據我所知，「讀書」可以有三種說法：

（一）要讀何書：關於這個問題，《京報副刊》上已經登了許多時候的「青年必讀書」；但是這個問題，殊不易解決。因為個人的見解不同，個性不同。各人所選只能代表各人的嗜好，沒有多大的標準作用。所以我不講這一類的問題。

（二）讀書的功用：從前有人作「讀書樂」，說什麼「書中自有千鍾粟，書中自有黃金屋，書中自有顏如玉」，現在我們不說這些話了。要說，讀書是求知識，知識就是權力。這些話都是大家會說的，所以我也不必講。

（三）讀書的方法：我今天是想根據個人經驗，同諸位談談讀書的方法。我的第一句話是很平常的，就是說，讀書有兩個要素：

第一要精，

第二要博。

現在先說什麼叫「精」。

我們小的時候讀書，差不多每個小孩都有一條書籤，上面寫十個字，這十個字最普遍的就是「讀書三到：眼到，口到，心到」。現在這種書籤雖不用，三到的讀書法卻依然存在，不過我以為讀書三到是不夠的；須有四到，是：「眼到，口到，心到，手到」。我就拿它來說一說。

眼到是要個個字認得，不可隨便放過。這句話起初看去似乎很容易，其實很不容易。讀中國書時，每個字的一筆一劃都不放過，近人費許多功夫在校勘學上，都因古人忽略一筆一劃而已。讀外國書要把A、B、C、D……等字母弄得清清楚楚。所以說這是很難的，如有人翻譯英文，把port看做pork，把oats看做oaks，於是葡萄酒一變而為豬肉，小草變成了大樹。說起來這種例子很多。這都是眼睛不精細的結果。書是文字做成的，不肯仔細認字，就不必讀書。眼到對於讀書的關係很大，一時眼不到，貽害很大，並且眼到能養成好習慣，養成不苟且的人格。

口到是一句一句要唸出來。前人說口到是要唸到爛熟背得出來。我們現在雖不提倡背書，但有幾類的書，仍舊有熟讀的必要：如心愛的詩歌，如精彩的文章，熟讀多些，於自己的作品上也有良好的影響。讀此外的書，雖不須唸熟，也要一句一句唸出來，中國書如此，外國書更要如此，唸書的功用能使我們格外明瞭每一句的構造，句中各部分的關係。往往一遍唸不通，要唸兩遍以上，方才能明白的。讀好的小說尚且要如此，何況讀關於思想學問的書呢？

心到是每章、每句、每字意義如何？何以如是？這樣用心考究。但是用心不是叫人枯坐冥想，是要靠外面的設備及思想的方法的幫助。要做到這一點，需要有幾個條件：

（一）字典、辭典、參考書等等工具要完備。這幾樣工具雖不能辦到，也當到圖書館去看。我個人的意見是奉勸大家，當衣服，賣田地，至少要置備一點好的工具。比如買一本《韋氏大字典》，勝於請幾個先生。這種先生終身跟著你，終身享受不盡。

（二）要做文法上的分析。用文法的知識，做文法上的分析，要懂得文法構造，方才懂得它的意義。

（三）有時要比較參考，有時要融會貫通，方能瞭解。不可但看字面。一個字往往有許多意義，讀者容易上當。例如turn這字：

做外動字解有十五解，

做內動字解有十三解，

做名詞解有二十六解，

共五十四解，而成語不算。

又如strike：

做外動字解有三十一解，

做內動字解有十六解，

做名詞解有十八解，

共六十五解。

又如go字最容易了，然而這個字：

做內動字解有二十二解，

做外動字解有三解，

做名詞解有九解，

共三十四解。

以上是英文字需要加以考究的例子。英文字典是完備的；但是某一字在某一句究竟用第幾個意義呢？這就非比較上下文，或貫串全篇，不能懂了。

中文較英文更難，現在舉幾個例：

祭文中第一句「維某年月日」之「維」字，究做何解？字典上說它是虛字。《詩經》裡「維」字有兩百多，必須細細比較研究，然後知道這個字有種種意義。

又《詩經》之「于」字，「之子于歸」、「鳳凰于飛」等句，「于」字究做何解？非仔細考究是不懂的。又「言」字人人知道，但在《詩經》中就發生問題，必須比較，然後知「言」字為連接字。諸如此例甚多，中國古書很難讀，古字典又不適用，非是用比較歸納的研究方法，我們如何懂得呢？

總之，讀書要會疑，忽略過去，不會有問題，便沒有進益。

宋儒張載說：「讀書先要會疑。於不疑處有疑，方是進矣。」他又說：「在可疑而不疑

者，不曾學。學則須疑。」又說：「學貴心悟，守舊無功。」

宋儒程頤說：「學原於思。」

這樣看起來，讀書要求心到；不要怕疑難，只怕沒有疑難。工具要完備，思想要精密就不怕疑難了。

現在要說手到。手到就是要勞動勞動你的貴手。讀書單靠眼到、口到、心到，還不夠的；必須還得自己動動手，才有所得。例如：

（1）標點分段，是要動手的。

（2）翻查字典及參考書，是要動手的。

（3）做讀書箚記，是要動手的。箚記又可分四類：

（a）抄錄備忘。

（b）做提要，節要。

（c）自己記錄心得。張載說：「心中苟有所開，即便箚記。不則還塞之矣。」

（d）參考諸書，融會貫通，做有系統的著作。

手到的功用。我常說：發表是吸收知識和思想的絕妙方法。吸收進來的知識思想，無論是看書來的，或是聽講來的，都只是模糊零碎，都算不得我們自己的東西。自己必須做一番手腳，或做提要，或做說明，或做討論，自己重新組織過，申敘過，用自己的語言記述過，——那種知識思想方才可算是你自己的了。

我可以舉一個例。你也會說「進化」，他也會談「進化」，但你對於「進化」這個觀念的見解未必是很正確的，未必是很清楚的；也許只是一種「道聽塗說」，也許只是一種時髦的口號。這種知識算不得知識，更算不得是「你的」知識。假使你聽了我這句話，不服氣，今晚回去就去遍翻各種書籍，仔細研究進化論的科學上的根據：假使你翻了幾天書之後，發憤動手，把你研究所得寫成一篇讀書箚記；假使你真動手寫了這麼一篇「我為什麼相信進化論？」的箚記，列舉了：

（一）生物學上的證據。

（二）比較解剖學上的證據。

（三）比較胚胎學上的證據。

（四）地質學和古生物學上的證據。

（五）考古學上的證據。

（六）社會學和人類學上的證據。

到這個時候，你所有關於「進化論」的知識，經過了一番組織安排，經過了自己的取捨敘述，這時候這些知識方才可算是你自己的了。所以我說，發表是吸收的利器；又可以說，手到是心到的法門。

至於動手標點，動手翻字典，動手查書，都是極要緊的讀書祕訣，諸位千萬不要輕易放過。內中自己動手翻書一項尤為要緊。我記得前幾年我曾勸顧頡剛先生標點姚際恆的《古今偽

書考》。當初我知道他的生活困難，希望他標點一部書付印，賣幾個錢。那部書是很薄的一本，我以為他一、兩個星期就可以標點完了。哪知顧先生一去半年，還不曾交卷。原來他於每條引的書，都去翻查原書，仔細校對，注明出處，注明原書卷第，注明刪節之處。他動手半年之後，來對我說，《古今偽書考》不必付印了，他現在要編輯一部疑古的叢書，叫做「辨偽叢刊」。我很贊成他這個計畫，讓他去動手。他動手了一、兩年之後，更進步了，又超過那「辨偽叢刊」的計畫了，他要自己創作了。他前年以來，對於中國古史，做了許多辨偽的文字；他眼前的成績早已超過崔述了，更不要說姚際恆了。顧先生將來在中國史學界的貢獻一定不可限量，但我們要知道他成功的最大原因是他的手到的功夫勤而且精。我們可以說，沒有動手不勤快而能讀書的，沒有手不到而能成學者的。

第二要講什麼叫「博」。

什麼書都要讀，就是博。古人說：「開卷有益」，我也主張這個意思，所以說讀書第一要精，第二要博。我們主張「博」有兩個意思：

第一，為預備參考資料計，不可不博。

第二，為做一個有用的人計，不可不博。

第一，為預備參考資料計。

在座的人，大多數是戴眼鏡的。諸位為什麼要戴眼鏡？豈不是因為戴了眼鏡，從前看不見的，現在看得見了；從前很小的，現在看得很大了；從前看不分明的，現在看得清楚分明了？

王荊公說得最好：

世之不見全經久矣。讀經而已，則不足以知經。故某自百家諸子之書，至於《難經素問本草》諸小說，無所不讀；農夫女工，無所不問；然後於經為能知其大體而無疑。蓋後世學者與先王之時異矣；不如是，不足以盡聖人故也。……致其知而後讀，以有所去取，故異學不能亂也。惟其不能亂，故能有所去取者，所以明吾道而已。（答曾子固）

他說：「致其知而後讀。」又說：「讀經而已，則不足以知經。」即如《墨子》一書在一百年前，清朝的學者懂得此書還不多。到了近來，有人知道光學、幾何學、力學、工程學等……，一看《墨子》，才知道其中有許多部分是必須用這些科學的知識方才能懂的。後來有人知道了倫理學、心理學……等，懂得《墨子》更多了。讀別種書愈多，《墨子》愈懂得多。

所以我們也說，讀一書而已則不足以知一書。多讀書，然後可以專讀一書。譬如讀《詩經》，你若先讀了北大出版的《歌謠週刊》，便覺得《詩經》好懂的多了；你若先讀過社會學、人類學，你懂更多了；你若先讀過文字學、古音韻學，你懂得更多了；你若讀過考古學、比較宗教學等，你懂得的更多了。

你要想讀佛家唯識宗的書嗎？最好多讀點倫理學、心理學、比較宗教學、變態心理學。

無論讀什麼書總要多配幾副好眼鏡。

你們記得達爾文研究生物進化的故事嗎？達爾文研究生物演變的現狀，前後凡三十多年，積了無數資料，想不出一個簡單貫串的說明。有一天他無意中讀馬爾薩斯的人口論，忽然大悟

生存競爭的原則，於是得著物競天擇的道理，遂成一部破天荒的名著，給後世思想界打開一個新紀元。

所以要博學者，只是要加添參考的資料，要使我們讀書時容易得「暗示」；遇著疑難時，東一個暗示，西一個暗示，就不至於呆讀死書了。這叫做「致其知而後讀」。

第二，為做人計。

專工一技一藝的人，只知一樣，除此之外，一無所知。這一類的人，影響於社會很少。好有一比，比一根旗竿。只是一根孤枴，孤單可憐。

又有些人廣泛博覽，而一無所長，雖可以到處受一班賤人的歡迎，其實也是一種廢物。這一類人，也好有一比，比一張很大的薄紙，禁不起風吹雨打。

在社會上，這兩人都是沒有什麼大影響，為個人計，也很少樂趣。

理想中的學者，既能博大，又能精深。精深的方面，是他的專門學問。博大的方面，是他的旁搜博覽。博大要幾乎無所不知，精深要幾乎唯他獨尊，無人能及。他用他的專門學問做中心，次及於直接相關的各種學問，次及於間接相關的各種學問，次及於不很相關的各種學問，以次及毫不相關的各種泛覽。這樣的學者，也有一比，比埃及的金字三角塔。那金字塔高四百八十英尺，底邊各邊長七百六十四英尺。塔的最高度代表最精深的專門學問；從此點以次遞減，代表那旁收博覽的各種相關或不相關的學問。塔底的面積代表博大的範圍，精深的造詣，博大的同情心。這樣的人，對社會是極有用的人才，對自己也能充分享受人生的趣味。宋儒程顥說得好：

　須是大其心使開闊：譬如為九層之臺須大做腳始得。

博學正所以「大其心使開闊」，我曾把這番意思編成兩句粗淺的口號，現在拿出來貢獻給諸位朋友，做為讀書的目標：

　為學要如金字塔，要能廣大要能高。

胡適（1891～1962），安徽績溪人。現代著名學者、詩人，「五四」新文化運動和文學革命的重要代表人物。1910年留學美國，獲哲學博士學位。1917年任北京大學哲學系教授，後又任英文系系主任、文學院院長等職。四〇年代後期出任北京大學校長。五〇年代任駐美大使。主要著述有《胡適文存》、《中國哲學史大綱》、《國語文學史》、《白話文學史》、《胡適之先生詩歌手跡》等。

認真讀書改造世界觀

梁漱溟

毛主席說過世界上怕就怕「認真」二字，共產黨就最講「認真」。說讀書要認真，其意不同於努力讀書。努力讀書、下勁讀書是主觀一面的事，而讀書認真不認真則含有客觀的意義。我以為其意義正應該本著《實踐論》和《人的正確思想是從哪裡來的》去尋求、去瞭解。讀書而不認真，就不能改造世界觀，改造思想。

照我看，認真讀書的這個認真可以分為三層或三點意思。

第一，先說書是什麼？書上有許多文字符號，它代表著人的語言、說話，人說話不是平白無故的，總是在解答什麼問題，叫人明白一件事物或明白一個道理。既然書上所寫亦即所說的都在解答問題，解決從不知到知的矛盾，所以第一是要帶著問題學，不要泛泛地讀書，要為解決一個什麼問題而讀書。這樣讀書就讀得進去，讀得入，就不會書是書，你是你。就會在你的世界觀起影響。

我可以我一生的生活經驗來說明。我只不過是一個中學生，沒進大學，更沒有去東西洋留學。中學裡沒有哲學一門課，而且當我念中學時還沒有聽見「哲學」一名詞；哲學這名詞是從外國輸入的，舊書中沒有。我原不知道什麼是哲學，也從來沒有想過哲學。但後來卻到大學裡講哲學了。為何能如此？就為我十幾歲就對人生抱疑問，從人生的懷疑、煩悶，不知不覺有些思想見解。當我對人講說時，人家告訴我說：「你講的是哲學。」問題在先，道理在後，有問題才有道理。否則不切實，不真懂。毛主席說陸軍大學畢業的不如黃埔畢業的會打仗。

趙奢之子趙括的故事。毛主席沒有學過軍事，從戰爭中學戰爭，從游泳中學游泳。此即一定要實踐，從實踐中得經驗，才有所謂感性認知、理性認知那些。是否我們就去實踐好了，不必讀書呢？這不好，這沒有借用前人的經驗。一切都從頭來，就一個人說太費力氣，就社會說將沒有進步。物理和化學上的學理都是前人的發明、發現、創造，留給後人，這一代一代愈來愈進步。書上所記的都是前人認識出來，告訴你，你也可以做些物理和化學的實驗，也就能得到許多學理，不必再從頭來過。讀書的必要在此，進學校的必要在此。因此後來人的知識多過前人。但要利用前人的經驗，需要多少實踐一下，把書本中所說的話還原到事實上去。沒有抓到事實，那不過是空話，或者是一種猜想。趙括善讀父書，不會打仗，正是沒有還原到事實，停留在抽象道理上，只會說不會做。所以第二就是要做還原功夫，回到所代表的原來那種事實上去。

再以我的讀書為例來說明以上的話。我沒有讀舊書「四書五經」，更沒有看過《朱子集注》，《論語》上孔子自己說：「吾十有五而志於學，三十而立，四十而不惑，五十而知天命，六十而耳順，七十而從心所欲，不逾矩。」前人皆於此有其解釋，因為你並不知道孔子所說話的內容事實，孔子當他三十歲時也還不知道他四十歲的事情，當四十歲時不知道他五十歲的事，六十、七十皆如此。你不是孔子，又沒有六、七十歲，你何能知道？你不過從字面上去猜想，這不行。那麼，是否我們完全不知道這章書所說的是什麼呢？也還可以知道一點。那就是孔子所志之學不是物理、化學，不是植物學、動物學乃至一切科學都不是，也非政治、經濟學或其他社會科學，亦不是哲學、文學、史學……。所有今天大學裡各門學科都不是，而是他自己生命上、生活上一種學問，自少年時代以致老年有所進步。孔子的學問是人生生活之學。此可以孔子稱讚他最好的學生的話來做證明。「有顏回者好學，不遷怒，不貳過，今也則亡。」何謂「不遷怒，不貳過」？前人都加講解，其實都猜想得不對。不過我們知道他所好的學問不是別的學問，而是孔子到老所致力的那種人生生活之學（此可以產生哲學，但非即哲學）。——以上說明讀書要做還原功夫，就是回歸到事實上，不要停留在名詞概念上。

可惜我讀書不總是十分認真的；有時候不夠認真。過去對於馬克思主義的書就沒有認真讀它。馬克思學說傳入中國，主要在莫斯科一聲炮響之後，即在「五四」運動時期。那時介紹它的是陳獨秀，傳播它的是北京大學。毛主席也是在那時候接觸到馬克思主義的，我那時正在北大。不是沒有看到馬克思主義的書，特別是到一九二七年前後即國共合作，國民革命軍北伐，馬克思主義在思想界勢力很大。我是一個抱著中國問題求答案的人，怎能不注意呢？這裡正好附帶聲明一句：我從來不是為求學問當一個學者而讀書。只為自己有兩大問題在逼迫我，才找書來看的，看書是為了解答自己的問題。自己的問題除了一個人生問題引我進入哲學之門外，中國的衰弱快滅亡則引我去留心政治、經濟這一類社會科學各書。這樣亦就不知不覺學得一些這方面的知識，仍然常帶著問題學的。例如當時有康梁的立憲派，有孫黃的革命派，我開頭就是留心兩派的言論，再引入去看比較專門的政治、經濟學的書。我也有共產黨的朋友如李大釗。雖然當時馬克思主義的書不多，翻譯的不夠好，但由於我不重視它，粗心大意地以為它不適合於中國之用。當時恰好馬氏學說中又有「亞細亞生產方式」一說法，把東方社會的發展史另眼看待。再加以一九二八年後連續幾年的中國社會史論戰，到今天也還不能把中國秦漢以後的中國社會性質搞清楚，這些都是我對馬學不深求。特別是毛主席出人意外地發展了馬克思主義——農村包圍城市，他不是根據書本，不是從教條公式出發而是活學活用，這才真是善於讀書，即讀書認真而成功的。古人說：「盡信書不如無書。」

因此，認真讀書的第三條就是領會書中的意思而活用於解決實際問題上，如列寧所再三說的「馬克思主義是行動的指南」。（同見於史達林語言學一書末尾的話）

注：此文為作者1971年4月2日在政協學習小組會上的發言稿之抄件。

梁漱溟（1893～1988），廣西桂林人。著名學者、社會活動家。1917年應蔡元培之邀，任北京大學印度哲學講席。曾組織「中國民主政團同盟」等多個民主社團，積極回應抗戰，並任《光明報》社長。建國後歷任政協全國委員會委員、常委及憲法修改委員會委員。兼任中國文化書院主席、孔子研究會顧問等。研究與著述主要圍繞人生與社會兩大主題，有《東西文化及其哲學》、《中國民族自救運動之最後覺悟》、《鄉村建設理論》、《中國文化要義》、《人心與人生》等。

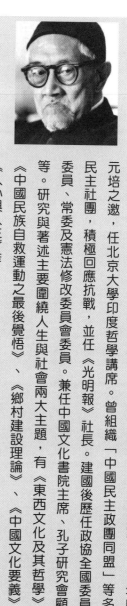

初進學問界

顧頡剛

我自己知道，我是一個初進學問界的人。初進學問界的人固然免不了淺陋，但也自有他的驕傲。第一，他能在別人不注意的地方注意，在別人不審量的地方審量。好像一個旅行的人，剛到一處地方，滿目是新境界，就容易隨處激起興味，生出問題來。至於該地的土著，他們對於一切的東西都接觸慣了，彷彿見聞所及盡是天造地設的一般，什麼也引不起他的思索力了。第二，他勇於用直覺做判斷而不受傳統學說的命令。他因為對於所見的東西感到興味，所以要隨處討一個了斷；不像學術湛深的人，他知道了種種難處，不敢為了立一異議，害得自己成了眾矢之的。初生之犢為什麼不畏虎？正因牠初生，還沒有養成畏虎的觀念之故。這固然是不自量力，但這一點童稚的勇氣終究是可愛的。我真快樂，我成了一個旅行的人，一頭初生之犢，有我的新鮮的見解和天真的膽量。我希望自己時時磨練，使得這一點銳猛的精神可以永永保留下去。如果將來我有了豐富的學問之後，還有許多新問題在我的胸中鼓蕩，還有獨立的勇氣做我的判斷力的後盾。那麼我才是一個真正成功的人了！

我的心目中沒有一個偶像，由得我用了活潑的理性做公平的裁斷，這是使我極高興的。我

固然有許多佩服的人，但我之所以佩服他們，原為他們有許多長處，我的理性指導我去效法，並不是願把我的靈魂送給他們，隨他們去擺佈。對今人如此，對古人亦然。唯其沒有偶像，所以也不會用了勢利的眼光去看不佔勢力的人物。我在學問上不肯加入任何一家派，不肯用了習慣上的毀譽去壓抑許多說良心話的分子，就是為此。固然有人說，一個人的思想總是偏的，不偏於甲派便偏於乙派，但我覺得要保持客觀的態度，用平等的眼光去觀察種種不同的派別，也不是不可能的事。即使不能完全不偏，總可以勉力使它少偏一點。也有人說，為學不能不投入家派，正如不能不施用假設，有了假設才有入手的路，所以家派是終該選定的，盡不妨俟將來深入之後而棄去。這種話在以前是可以說的，因為那時各種學問都不發達，學問的基礎既不建築於事實上，研究學問又苦於沒有好方法，除了投入家派之外得不到一點引路的微光，為尋求一個下手處計，也有選擇家派的需要。例如你要非薄《詩》毛氏學，便當從齊、魯、韓三家或其中的一家研鑽下去；等到自己的學問足以自樹了，再脫離家派而獨立。但到了現在，學問潮流已經很明白地詔示我們，應該跳出這個圈子了。我們自有古文字學、古文法學、古器物學、古歷史學等等，直接去整理《詩經》、《毛傳》固要不得，就是《三家詩》也是《毛傳》的「一丘之貉」，又何嘗要得！至於我們為了要瞭解各家派在歷史上的地位，不免要對於家派有所尋繹，但這是研究，不是服從。我很怕別人看了我表彰鄭樵、崔述諸人的文字，就說我做了他們的信徒而來反對毛公、鄭玄，所以現在在此附帶聲明一句：我對於鄭樵、崔述諸人絕無私愛；倘若他們的荒謬有類於毛公、鄭玄，我的攻擊他們也要和對於毛公、鄭玄一樣。希望讀者諸君看了我的文字也做這等的批判，千萬不要說「承你考辨得很精細，我有所遵循了」這一類話！

《老子》說「自知者明」，希臘的哲學家多勸人知道自己：在這一方面，我「當仁不讓」，自認為無愧的。我既不把別人看做神祕，也同樣的不把自己看做神祕。我知道我是一個有二重人格的人：在一切世務上，只顯得我的平庸、疲乏、急躁、慌張、優柔寡斷，可以說是完全無用的；但到了研究學問的時候，我的人格便非常強固，有興趣，有宗旨，有鑑別力，有自信力，有鎮定力，有虛心和忍耐：所以我為發展我的特長計，願意把我的全生命傾注於學問生活之內，不再旁及他種事務。我知道固有的是非之心的可貴，所以不受習慣的束縛，不怕社會的威嚇，只憑了搜集到的證據而說話。我知道自己的憑藉，故不願沒卻他人的功績；也知道自己的缺點，故不願詢著一時的意氣。我知道學問是一點一滴地積起來的，一步不走便一步不到，絕沒有頓悟的奇蹟，所以肯用我的全力在細磨的功夫上，毫不存僥倖取巧之心。我知道學問是只應問然否而不應只問善惡的，所以我要竭力破除功利的成見，用平等的眼光去觀察一切的好東西和壞東西。我知道我所發表的主張大部分是沒有證實的臆測，所以只要以後發現的證據足以變更我的臆測時，我便肯把先前的主張加以修改或推翻，絕不勉強回護。因為我有了以上種種的自覺，所以我以為我現在固然學力淺薄，不足以解決多少問題，但我的研究的方法和態度是不錯的，我的假設雖大膽而絕不是輕舉妄動，只要能從此深入，自可馴致於解決之途。

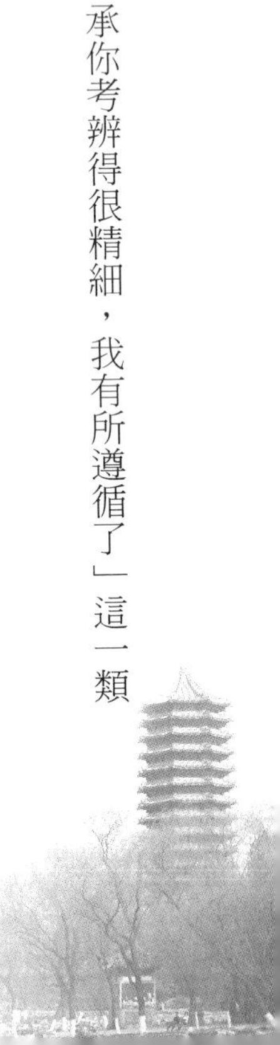

顧頡剛：初進學問界

顧頡剛（1893~1980），江蘇蘇州人。著名歷史學家、《古史辨》派創始人。1920年畢業於北京大學文科中國哲學系。歷任廈門、中山、燕京、北京等高等院校教授。後任中國社會科學院歷史研究所研究員。主持過《資治通鑑》和《二十四史》的標點工作。

書籍與修養

毛子水

《周易》（大畜卦象詞）曰：「天在山中，大畜；君子以多識前言往行以畜其德。」「畜德」就是我們現在所謂的修養。修養需要多識前言往行，理至明顯。但一個人要多識前言往行，最要緊的事情便是讀書，因為前言往行，我們只能在書籍裡學得。

後魏的道武帝嘗問博士李先曰：「天下何物最善，可以益人神智？」李先對曰：「莫若書籍。」這當然是因為書籍記載著前言往行，乃是過去人類智慧所積存的地方。

宋朝黃庭堅曾說：「士大夫三日不讀書，則義理不交於胸中；對鏡覺面目可憎，語言無味。」從來講書籍和修養的關係的，沒有比黃氏這幾句話更為貼切的了。

十九世紀下半期，英國文學家阿諾德（Matthew Arnold）亦以為世界上最好的東西，應為修養所資的，差不多全在書籍裡。

因為這些賢哲的啟示，我自己喜歡藏書，也希望別人喜歡藏書。

當然，藏書並非即是讀書，讀書亦不一定要藏書。世間盡有許多藏書而不讀書的人，亦有許多能讀書的人乃用借來的書把書讀好的。

但最理想的讀書環境莫如自己有書。自己的書，讀起來要好些，這是讀書的人都有同感的。除此以外，架上或桌上的書籍，有時可以使一個不喜歡讀書的主人成為一個有出息的讀書者。

世上有許多收藏古董的人。從欣賞美術品或保存美術品的觀點講，他們或許是一種有意識的人。但就普通情形講，他們行為的動機，由於獲利方面的多，由於文化方面的少。藏書家便不然。世上固然有富翁以收藏宋元版本或莎士比亞作品的初版為務而並沒有絲毫學問上的意義的，但究竟是少數。

況且，我要自己收藏或勸人收藏的書，是現在最好的書，現在最可讀的書，現在最有用的書。這種書籍，大部分都是現代人的著作，並不是可以當古董買賣的。從我們現在的觀點，即就古人所作的書籍講，亦不一定以古本為最好。譬如，《十三經注疏》並不是宋元版的為最好，而是現在臺北藝文印書館影印阮刻本的為最好，最有用，最便於讀；莎士比亞的作品，並不是原來的四開本或兩開本為最好，而是Arden Edition，或Alexander，或Sisson等人所校訂的本子為最好、最便用，亦最便宜。

本文所講的藏書，大概是就已離開學校的人講的。但一個在中學或大學的學生，亦未嘗不可做藏書的企圖。記得我在中學的時候，曾以家中給我的錢買到《前四史》、《古經解彙函》、《小學彙函》（尚是廣東原版）等書，到了大學，買書的興趣當然更大，範圍亦更廣。我知道現在學生的經濟情形或不很好，但現在便宜的好書亦很多。中文的印刷本，是大家所知道的；衡陽路一帶的西書鋪，陳列著很多廉價的版本（如牛津大學出版部所印行的《World's Classics》，美國出版的《Modern Library》等），亦很值得學子的注意。一個學生，能夠省下一次或兩次看電影的費用，便可以買到一本印得很好的世界名著了，這豈不是一件極大的快事！

我現在引十九世紀中英國大史學家麥考利（Macaulay）的兩段話，做我這篇短文的結束：

「與其做一個國王而不知道愛好讀書，我寧願做一個窮人居於陋室而擁有極多的書籍。」

「書是我的一切。如果我現在有選擇生活的自由，我就願意埋身於一所你我所曾同參觀過的大學圖書館中，並且不願意有一時沒有書籍在我面前。」（這是麥考利寫給他妹妹信中的話。）

毛子水（1893～1988），著名學者。曾任北京大學教授、圖書館館長，天津《益世報》副刊主編。1949年轉往臺灣，任臺灣大學教授，《自由中國》、《新時代》雜誌主編。著有《毛子水文存》等。

我的讀書經驗

馮友蘭

我今年八十七歲了，從七歲上學起就讀書，一直讀了八十年，其間基本上沒有間斷，不能說對於讀書沒有一點經驗。我所讀的書，大概都是文、史、哲方面的，特別是哲。我的經驗總結起來有四點：（1）精其選，（2）解其言，（3）知其意，（4）明其理。

先說第一點。古今中外，累積起來的書真是多極了，真是浩如煙海，但是，書雖多，有永久價值的還是少數。可以把書分為三類，第一類是要精讀的，第二類是可以泛讀的，第三類是僅供翻閱的。所謂精讀，是說要認真地讀，紮紮實實地一個字一個字地讀。所謂泛讀，是說可以粗枝大葉地讀，只要知道它大概說的是什麼就行了。所謂翻閱，是說不要一個字一個字地讀，不要一句話一句話地讀，也不要一頁一頁地讀。就像看報紙一樣，隨手一翻，看看大字標題，覺得有興趣的地方就大略看看，沒有興趣的地方就隨手翻過。聽說在中國初有報紙的時候，有些人捧著報紙，就像唸五經四書一樣，一字一字地高聲朗誦。照這個辦法，一天的報紙，唸一天也唸不完。大多數的書，其實就像報紙上的新聞一樣，有些可能轟動一時，但是曇花一現，不久就過去了。所以，書雖多，真正值得精讀的並不多。下面所說的就指值得精讀的書而言。

怎樣知道哪些書是值得精讀的呢？對於這個問題不必發愁。自古以來，已經有一位最公正的評選家，有許多推薦者向它推薦好書。這個選家就是時間，這些推薦者就是群眾。歷來的群眾，把他們認為有價值的書，推薦給時間。時間照著他們的推薦，對於那些沒有永久價值的書都刷下去了，把那些有永久價值的書流傳下來。從古以來流傳下來的書，都是經過歷來群眾的推薦，經過時間的選擇，流傳了下來。我們看見古代流傳下來的書，大部分都是有價值的，我們心裡覺得奇怪，怎麼古人寫的東西都是有價值的。其實這沒有什麼奇怪，他們所作的東西，也有許多沒有價值的，不過這些沒有價值的東西，沒有為歷代群眾所推薦，在時間的考驗上，落了選，被刷下去了。現在我們所稱謂「經典著作」或「古典著作」的書都是經過時間考驗，流傳下來的。這一類的書都是應該精讀的書。當然隨著時間的推移和歷史的發展，這些書當中還要有些被刷下去。不過直到現在為止，它們都是榜上有名的，我們只能看到現在的榜。

我們心裡先有了這個數，就可隨著自己的專業選定一些需要精讀的書。這就是要一本一本地讀，所以在一個時間內只能讀一本書，一本書讀完了才能讀第二本。在讀的時候，先要解其言。這就是說，首先要懂得它的文字；它的文字就是它的語言。語言有中外之分，也有古今之別。就中國的漢語籠統地說，有現代漢語，有古代漢語，古代漢語統稱為古文。詳細地說，古文之中又有時代的不同，有先秦的古文，有兩漢的古文，有魏晉的古文，有唐宋的古文。中國漢族的古書，都是用這些不同的古文寫的。這些古文，都是用一般漢字寫的，但是僅只認識漢

字還不行。我們看不懂古人用古文寫的書，古人也不會看懂我們現在的《人民日報》。這叫語言文字關。攻不破這道關，就看不見這道關裡邊是什麼情況，不知道關裡邊是些什麼東西，只好在關外指手劃腳，那是不行的。我所說的解其言，就是要攻破這一道語言文字關。當然要攻這道關的時候，要先做許多準備，用許多工具，如字典和辭典等工具書之類。這是當然的事，這裡就不多談了。

中國有句老話「書不盡言，言不盡意」，意思是說，一部書上所寫的總要比寫那部書的人的話少，他所說的話總比他的意思少。一部書上所寫的總要簡單一些，不能像他所要說的話那樣囉嗦。這個缺點倒有辦法可以克服。只要他不怕囉嗦就可以了。好在筆、墨、紙張都很便宜，文章寫得囉嗦一點無非是多費一點筆、墨、紙張，那也不是了不起的事。可是言不盡意那種困難，就沒有法子克服了。因為語言總離不了概念，概念對於具體事物來說，總不會完全合適，不過是一個大概輪廓而已。比如一個人說，他牙痛。牙是一個概念，痛是一個概念，牙痛又是一個概念。其實他不僅止於牙痛而已。那個痛，有一種特別的痛法，有一定的大小範圍，有一定的深度。這都是很複雜的情況，不是僅僅牙痛兩個字所能說清楚的，無論怎樣囉嗦他也說不出來的，言不盡意的困難就在於此。所以在讀書的時候，即使書中的字都認得了，話全懂了，還未必能知道作書的人的意思。從前說，讀書要注意字裡行間，又說讀詩要得其「弦外音，味外味」。這都是說要在文字以外體會它的精神實質。這就是知其意。司馬遷說過：「好學深思之士，心知其意。」意是離不開語言文字的，但有些是語言文字所不能完全表達出來的。如果僅只侷限於語言文字，死抓住語言文字不放，那就成為死讀書了。死讀書的人就是書呆子。語言文字是幫助瞭解書的意思的枴棍。既然知道了那個意思以後，最好扔了枴棍。這就是古人所說的「得意忘言」。在人與人的關係中，過河拆橋是不道德的事。但是，在讀書中，就是要過河拆橋。

上面所說的「書不盡言」，「言不盡意」之下，還可再加一句「意不盡理」。理是客觀的道理；意是著書的人的主觀的認知和判斷，也就是客觀的道理在他的主觀上的反映。理和意既然有主觀、客觀之分，意和理就不能完全相合。人總是人，不是全知全能。他的主觀上的反映、體會和判斷，和客觀的道理總要有一定的差距，有或大或小的錯誤。所以讀書僅至得其意還不行，還要明其理，才不至於為前人的意所誤。如果明其理了，我就有我自己的意。我的意當然也是主觀的，也可能不完全合乎客觀的理。但我可以把我的意和前人的意互相比較，互相補充，互相糾正。這就可能有一個比較正確的意。這個意是我的，我就可以用它處理事務，解決問題。好像我用我自己的腿走路，只要我心裡一想走，腿就自然而然地走了。讀書到這個程度就算是能活學活用，把書讀活了。會讀書的人能把死書讀活；不會讀書的人能把活書讀死。把死書讀活，就能把書為我所用，把活書讀死，就是把我為書所用。能夠用書而不為書所用，讀書就算讀到家了。

從前有人說過：「六經注我，我注六經」。自己明白了那些客觀的道理，自己有了意，把前人的意做為參考，這就是「六經注我」。不明白那些客觀的道理，甚至於沒有得古人所有的意，而只在語言文字上推敲。那就是「我注六經」。只有達到「六經注我」的程度，才能真正地「我注六經」。

馮友蘭（1895～1990），河南唐河人。著名哲學家。1918年畢業於北京大學哲學系。1924年獲美國哲學博士學位，1952年獲印度名譽文學博士學位。建國後任北京大學哲學系教授、中國科學院哲學社會科學部委員。在哲學思想和中國哲學史研究方面自成體系。著有《中國哲學史》、《新理學》、《人生哲學》、《三松堂全集》等。

讀書漫談

錢穆

（一）

要建築一所屋宇必先問建此何用。若不先明用途，專論建築規模式樣以及材料等等，便成漫無準則之空談。讀書亦應先定旨趣，旨趣未立，且莫談方法門徑、書籍選材以及其他等等。

讀書旨趣，大要言之，可分兩途。一是為自己謀職業，尋出路，求身家溫飽，乃至近而鬻名聲，攫權位，皆從個人私利的立場出發。一是純粹從一種求知的興趣和熱忱而讀書。這裡邊又分兩面，有的因自己的性情和愛好，從一種內部的要求而走向讀書的路，有的因環境的問題和需要，從一種外面的刺激而走上讀書的路，其實這兩面往往交融互映，並不必嚴格分別。

以上說的讀書旨趣之兩途，有時亦未嘗不可相通。本為個人的私利立場而讀書的人，亦未嘗全違背了他自己內部的性情和愛好，而且對國家社會，對其當前環境，亦未嘗不可有相當之貢獻。純粹為求知的興趣和熱忱而出發的人，亦未嘗不想謀一職業尋一出路，未嘗不要兼顧他身家之溫飽，乃至亦望享有相當之名位。然而差以毫釐，謬以千里。到底這兩路，還有絕大的不同。譬之建築屋舍，一為旅館，一為家宅。家宅未嘗不可權當旅館用，而旅館未嘗不可權作

家宅用，然而到底性質不同，利弊迥異。至於目前一般讀書風氣，究竟多半是為的蓋旅館，抑是蓋家宅。則最好由各人自己反省，自己批評，自己認識。

（二）

論語上說：「古之學者為己，今之學者為人」。家宅是為自己的，旅館是為人的。為己的並不是為私，為人的並不是為公。從為己為人的心理差別，可以影響到他讀書的態度形成絕大的乖離。

大抵為人之學，必求炫耀，必求迎合，必求賣弄，必求趨奉。讀者心理的尊嚴，不在所讀書中之真理，而在外面的時風眾勢，或是某些有力者之影響。因此讀者對其書本的態度，常易陷於輕率而且傲慢，其為學必為淺嘗，必求速成，必喜標新立異，必務獨創己見。為己之學，則由自己性情所愛好及自己環境所刺激而感發。他既本於自己的真性情而欲對於環境，求一種真知識，真瞭解，因此他心上的尊嚴，不在外面世俗上，而在他所追求的真理上。這樣的讀者，其開始一定沉潛，不喜炫耀，不務賣弄而剛毅，不求迎合不樂趨奉。有一些嚴肅而謙恭而態度不輕率、不傲慢，其成就則必深遠不甘淺嘗不期速成而真實。確乎有所自得，不為時風眾勢所搖，不為一、二有力者所束縛馳驟而可以貢獻於社會。而別人誤認他的，還以為他亦是一個標新立異務創己見的人。

（三）

論語上又有一段孔子批評缺黨童子的話，說他是「欲速成」者，非「求益」者。大凡讀書亦有此兩個很顯著的分別，一是求益，一是欲速成。

欲速成的便不想再求益，讀書只是求速成的憑藉。他選擇書本的標準和讀書的方法，絕與志在求益者不同。與其讀人人共讀的書，不如讀人人不讀的書。人人共讀的難於凌駕，人人不讀的易於創辟。因此與其讀《論語》不如讀《墨子》。並不是為他不願請益於孔子而喜請益於墨子，只為《論語》人人共讀，讀了還是和人一般，難於表見自己的學問，《墨子》別人不注意，讀了可以成名可以立業。最好是專注於《墨子》書裡別人都講不懂的處所如〈墨經〉等篇而由我講懂了，豈不即此成名。於是漸漸造成喜艱僻不喜平易的心理。又漸漸造成喜歡尋瘡摘疵的心理。最先是指摘後人注釋的差誤，以後是攻擊著書人的不是。還藉著懷疑批評種種好名詞，來掩飾他求速成的壞心理。

文學藝術上的欣賞，無異於是再度的創造。哲理教義上的領會，也不異乎是再度的發明。我們不能希望人人成為哲學文學藝術家，但是可以希望人人領會哲學欣賞文藝，而社會全體之素質亦隨之升進。只要求速成的學風一旦瀰漫，文藝哲理的書籍，全變成讀者求速成之工具。於是欣賞與領會，退處於不重要的地位，而學術上主要的工作，乃是些校勘訓詁考訂和辨難。

更甚者則文藝必談創作，哲理必談發明。會場上的聽眾，各自急於要發表自己的音樂技能，而臺上的樂師遂致於無技可奏。這便是所謂黃鐘毀棄，瓦釜雷鳴。而創作發明等等一套好名詞，還只是用來掩飾他為求速的壞心理。

（四）

以上兩節辭鋒所相通，似乎偏指關乎人文科學方面的現象而言，其實自然科學方面事無二致。只要你真是發乎性情之所愛好，為研究真理而走向自然科學的路徑，則將及，理亦來學成致用，職業即為性情之發抒，工作便是真理的實驗。自然孜孜不倦，日尋向上。至少一種不苟且不敷衍的精神，可以常持不失。否則科學亦只是一塊蔽門磚，往日所探究的自然界的真理，現在依然是一種謀個人出路的手段和工具。私人的溫飽，可以藉著他的職業而蒸蒸日上，社會福利卻不一定能藉著他的工作而逐漸發展。一開始便立意要造一所旅館的，到底造不出一座安穩而舒適的家宅。

（五）

學問之道，本已千門萬戶，累層曲折，塗轍紛歧。而學者心術之隱微，更難明指確說。又且一時有一時之風尚，在當時必有為他們的風尚辯護的一套理論。此種理論，亦未嘗不持之有故，言之成理。然飲水冷暖，究竟各人肚裡得知。本文粗引端緒，敬勸讀書人本為己之旨，具求益之忱，莫誤認別人蓋的旅館當作自己家宅。好學深思者自能從此籀繹。豪傑之士，雖無文王猶興，風氣固束不住人之生機也。

錢穆（1895～1992），江蘇無錫人。著名歷史學家、思想史家。1930年任燕京大學教授。後曾擔任北京大學校務委員會委員、法學院院長。三、四〇年代於中國各著名大學講學，1950年在香港創辦新亞書院，並任院長。1967年轉往臺灣，任中央研究院院士。著述豐富，有《老子辨》、《孟子研究》、《先秦諸子系年》、《中國近三百年學術史》、《中國思想史》、《宋明理學概述》等。

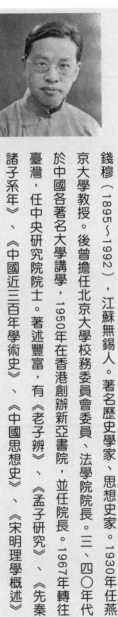

論讀書

林語堂

本篇演講只是談談本人對於讀書的意見，並不是要訓勉青年，亦非敢指導青年。所以不敢訓勉青年有兩種理由：第一，因為近來常聽見貪官污吏到學校致訓詞，叫學生須有志操，有氣節，有廉恥；也有賣國官僚到大學演講，勸學生要堅忍卓絕，做富貴不能淫、威武不能屈的大丈夫。孟子曰，人之患在好為人師，料想戰國的土豪劣紳亦必好訓勉當時的青年，所以激起孟子這樣不平的話。第二，讀書沒有什麼可以訓勉。世上會讀書的人，都是書拿起來自己會讀。不會讀書的人，亦不曾因為指導而變為會讀。譬如數學，出五個問題叫學生去做，會做的人是自己腦裡做出來的，並非教員教他做出，不會做的人經教員指導，這一題雖然做出，下一題仍舊非指導不可，數學並不會因此高明起來。我所要講的話於你們本會讀書的人，沒有什麼補助！於你們不會讀書的人，也不會使你們變為善讀書。所以今日談談，亦只是談談而已。

讀書本是一種心靈的活動，向來算為清高。「萬般皆下品，唯有讀書高。」所以讀書向稱為雅事、樂事。但是現在雅事、樂事已經不雅不樂了。今人讀書，或為取資格，得學位，在男為娶美女，在女為嫁賢婿，或為做老爺，踢屁股；或為求爵祿，刮地皮；或為做走狗，擬宣言；或為寫訃聞，做賀聯；或為當文牘，抄帳簿；或為做相士，占八卦；或為做塾師，騙小孩……諸如此類，都是藉讀書之名，取利祿之實，皆非讀書本旨。亦有人拿父母的錢，上大學，跑百米，拿一塊大銀盾回家，在我是看不起的，因為這似乎亦非讀書的本旨。

今日所談，亦非指學堂中的讀書，亦非指讀教授所指定的功課。在學校讀書有四不可。（一）所讀非書：學校專讀教科書，而教科書並不是真正書。今日大學畢業的人所讀的書極其有限。然而讀一部小說概論，到底不如讀《三國》、《水滸》，讀一部歷史教科書，不如讀《史記》。（二）無書可讀：因為圖書館極有限。（三）不許讀書：因為在課室看書，有犯校規，例所不許，倘是一人自晨至晚上課，則等於自晨至晚被監禁起來，不許讀書。（四）書讀不好：因為處處受註冊部干涉，毛孔骨節，皆不爽快。且學校所教非慎思明辨之學，乃記問之學。記問之學不足為人師，《禮記》早已說過。書上怎樣說，你便怎樣答，一字不錯，叫做記問之學。倘是你能猜中教員心中要你如何答法，照樣答出，便得一百分，於是沾沾自喜，自以為西洋歷史你知道一百分，其實西洋歷史你何嘗知道百分之一。學堂所以非注重記問之學不可，是因為便於考試。如拿破崙生卒年月，形容詞共有幾種，這些不必用頭腦，只需強記，然學校考試極其方便，差一年可扣一分？然而事實上與學問無補，你們的教員，也都記不得。要用時自可在百科全書上去查。又如羅馬帝國之亡，有三大原因，書上這樣講，你們照樣記，然而事實上問題極複雜。有人說羅馬帝國之亡，是亡於蚊子（傳佈寒熱瘧）。這是書上所無的。

今日所談的是自由的看書、讀書：無論是在校、離校，做教員、做學生、做商人、做政

客，閒時的讀書。這種的讀書，所以開茅塞，除鄙見，得新知，增學問，廣識見，養性靈。人之初生，都是好學好問，及其長成，受種種的俗見俗聞所蔽，毛孔骨節，如有一層包膜，失了聰明，逐漸頑腐。讀書便是將此層蔽塞聰明的包膜剝下。能將此層剝下，才是讀書人。並且要時時讀書，不然便會鄙吝復萌，頑見俗見生滿身上，一人的落伍、迂腐、冬烘，就是不肯時時讀書所致。所以讀書的意義，是使人較虛心，較通達，不固陋，不偏執。一人在世上，對於學問是這樣的：幼時認為什麼都不懂，大學時自認為什麼都懂，畢業後才知道什麼都不懂，中年又以為什麼都懂，到晚年才覺悟一切都不懂。大學生自以為心理學他也唸過，歷史、地理他亦唸過，經濟、科學也都唸過，世界文學、藝術、聲光、化電，他也唸過，所以什麼都懂。畢業以後，人家問他國際聯盟在哪裡，他說「我書上未唸過」，人家又問法西斯蒂在義大利成績如何，他也說：「我書上未唸過」，所以覺得什麼都不懂。到了中年，許多人娶妻生子，造洋樓，有身分，做名流，戴眼鏡，留鬍子，拿洋棍，沾沾自喜，那時他的世界已經固定了：女子放胸是不道德，剪髮亦不道德，社會主義就是共產黨，讀《馬氏文通》是反動，節制生育是亡種逆天，提倡白話是亡國之先兆，《孝經》是孔子寫的，大禹必有其人——意見非常之多而且確定不移，所以又是什麼都懂。其實是此種人久不讀書，鄙吝復萌所致。此種人不可與之深談。但亦有常讀書的人，老當益壯，其思想每每比青年急進，就是能時時讀書，所以心靈不曾化石，變為古董。

讀書的主旨在於排脫俗氣。黃山谷謂人不讀書便語言無味，面目可憎。須知世上語言無味、面目可憎的人很多，不但商界、政界如此，學府中亦頗多此種人。然語言無味，面目可憎，在官僚商賈則無妨，讀書人是不合理的。所謂面目可憎，不可做面孔不漂亮解，因為並非不能奉承人家，排出笑臉，所以「可憎」；脅肩諂笑，面孔漂亮，便是「可愛」。若欲求美男子小白臉，盡可於跑狗場、跳舞場，及政府衙門中求之。有漂亮臉孔，說漂亮話的政客，未必便面目不可憎。讀書與面孔漂亮沒有關係，因為書籍並不是雪花膏，讀了便會增加你的容輝。所以面目可憎不可憎，在你如何看法。有人看美人專看臉蛋，凡有鵝臉、柳眉、皓齒、朱唇都叫做美人。但是識趣的人若李笠翁看美人專看風韻，李笠翁所謂三分容貌有姿態等於六、七分，六、七分容貌乏姿態等於三、四分。有人面目平常，然而談起話來，使你覺得可愛；也有滿臉脂粉的摩登伽、洋囡囡，做花瓶，做客廳裝飾甚好，但一與交談，風韻全無，便覺得索然無味。黃山谷所謂面目可憎不可憎，亦只是指讀書人之議論風采說法。若《浮生六記》的芸，雖非西施面目，並且前齒微露，我卻覺得是中國第一美人。男子也是如是看法。章太炎臉孔雖不漂亮，王國維雖有一條辮子，但是他們是有風韻的，不是語言無味、面目可憎的。簡直可認為可愛。亦有漂亮政客，做武人的兔子姨太太，說話雖然漂亮，聽了卻令人作嘔三日。

至於語言無味（著重「味」字），那全看你所讀是什麼書及讀書的方法。讀書讀出味來，語言自然有味，語言有味，做出文章亦必有味。有人讀書讀了半世，亦讀不出什麼味兒來，那是因為讀不合的書，及不得其讀法。讀書須先知味。這味字，是讀書的關鍵。所謂味，是不可捉摸的，一人有一人胃口，各不相同，所好的味亦異。所以必先知其所好，始能讀出味來。有

人自幼嚼書本，老大不能通一經，便是食古不化勉強讀書所致。袁中郎所謂讀所好之書，所不好之書可讓他人讀之，這是知味的讀法。若必強讀，消化不來，必生疳積胃滯諸病。

口之於味，不可強同，不能因我之所嗜好以強人。先生不能以其所好強學生去讀，父親亦不得以其所好強兒子去讀。所以書不可強讀，強讀必無效，反而有害，這是讀書之第一義。有愚人請人開一張必讀書目，硬著頭皮、咬著牙根去讀，殊不知讀書須求氣質相合。人之氣質各有不同，英人俗語所謂「在一人吃來是補品，在他人吃來是毒質」。因為聽說某書是名著，因為要做通人，硬著頭皮去讀，結果必毫無所得。過後思之，如作一場噩夢。甚且終身視讀書為畏途，提起書名來便頭痛。蕭伯納說許多英國人終身不看《莎士比亞》，就是因為幼年塾師強迫背誦種下的果。許多人離校以後，終身不再看詩，不看歷史，亦是旨趣未到學校迫其必修所致。

所以讀書不可勉強，因為學問、思想是慢慢胚胎滋長出來。其滋長自有滋長的道理，如草木之榮枯，河流之轉向，各有其自然之勢。逆勢必無成就。樹木的南枝遮蔭，自會向北枝發展，否則枯槁以待斃。河流過了磯石懸崖，也會轉向，不是硬衝，只要順勢流下，總有流入東海之一日。世上無人人必讀之書，只有在某時、某地、某種心境不得不讀之書。有你所應讀，我所萬不可讀。有此時可讀，彼時不可讀。即使有必讀之書，亦絕非此時此刻所必讀。見解未到，必不可讀，思想發育程度未到，亦不可讀。孔子說五十可以學易，便是說四十五歲時尚不可讀《易經》。劉知幾少讀古文《尚書》，挨打亦讀不來，後聽同學讀《左傳》，甚好之，求授《左傳》，乃易成誦。《莊子》本是必讀之書，然假使讀《莊子》覺得索然無味，只好放棄，過了幾年再讀。對《莊子》感覺興味，然後讀《莊子》，對《馬克斯》感覺興味，然後讀《馬克斯》。

且同一本書，同一讀者，一時可讀出一時之味道出來。其景況適如看一名人相片，或讀名人文章，未見面時，是一種味道，見了面交談之後，再看其相片，或讀其文章，自有另外一層深切的理會。或是與其人絕交以後，看其照片，讀讀文章，亦另有一番味道。四十學《易》是一種味道，五十而學《易》又是一種味道。所以凡是好書都值得重讀的。自己見解愈深，學問愈進，愈讀得出味道來。譬如我此時重讀Lamb論文，比幼時所讀全然不同，幼時雖覺其文章有趣，沒有真正靈魂的接觸，未深知其文之佳境所在。也許我們幼時未進小學，或進小學而未讀過地理，或讀地理而未覺興味；然今日逢閩變時翻看閩浙邊界地圖，便覺津津有味。一人背癧，再去讀范增的傳，始覺趣味。或是叫許欽文在獄中讀清初犯文字獄的文人傳記，才別有一番滋味在心頭。

由是可知讀書有兩方面，一是作者，一是讀者。程子謂《論語》讀者有此等人與彼等人，有讀了全然無事者，亦有讀了不知手之舞之、足之蹈之者。所以讀書必以氣質相近，而凡人讀書必找一位同調的先賢，一位氣質與你相近的作家，做為老師。這是所謂讀書必須得力一家。不可昏頭昏腦，聽人戲弄，莊子亦好，荀子亦好，蘇東坡亦好，程伊川亦好。一人同時愛莊荀，或同時愛蘇程，是不可能的事。找到思想相近之作家，找到文學上之情人，必胸中感覺萬分痛快，而靈魂上發生猛烈影響，如春雷一鳴，蠶卵孵出，得一新生命，入一新世界。George Eliot自述讀《盧騷自傳》如觸電一般。尼采師叔本華，蕭伯納師易卜生，然皆非及門弟子，而思想相承，影響極大。當二子讀叔本華、易卜生時，思想上起了大影響，是其思想萌芽、學問生根之始。因為氣質性靈相近，所以樂此不疲，流連忘返，流連忘返，始可深入，深入後，然後如受春風化雨之賜，欣欣向榮，學業大進。

誰是氣質與你相近的先賢，只有你知道，也無需人家指導，更無人能勉強，你找到這樣一位作家，自會一見如故。蘇東坡初讀《莊子》，如有胸中久積的話，被他說出；袁中郎夜讀徐文長詩，叫喚起來，叫復讀，讀復叫，便是此理。這與「一見傾心」之愛（Love at first sight）同一道理。你遇到這樣作家，自會恨相見太晚。一人必有一人中意的作家，各人自己去找去。找到了文學上的愛人，他自會有魔力吸引你，而你也自樂為所吸，甚至聲音、相貌，一顰一笑，亦漸與相似。這樣浸潤其中，自然獲益不少，將來年事漸長，厭此情人，再找別的情人，到了經過兩、三個情人，或是四、五個情人，大概你自己也已受了薰陶不淺，思想已經成熟，自己也就成了一位作家。若找不到情人，東覽西閱，所讀的未必能沁入靈魂深處，便是逢場作戲，逢動作戲，不會有心得，學問不會有成就。

知道情人滋味，便知道苦學二字是騙人的話。學者每為「苦學」或「困學」二字所誤。讀書成名的人，只有樂，沒有苦。據說古人讀書有追月法、刺股法，及丫頭監讀法。其實都是很笨。讀書無興味，昏昏欲睡，始拿錐子在股上刺一下，這是愚不可當。一人書本排在面前，有中外賢人向你說極精彩的話，尚且想睡覺，便應當去睡覺，刺股亦無益，叫丫頭陪讀，等打盹時喚醒你，已是下流，亦應去睡覺，不應讀書。而且此法極不衛生。不睡覺，只有讀壞身體，不會讀出書的精彩來。若已讀出書的精彩來，便不想睡覺，故無丫頭喚醒之必要。深苦耐勞，淬礪奮勉是應該的，但不應視讀書為苦。視讀書為苦，第一著已走了錯路。天下讀書成名的人皆以讀書為樂；汝以為苦，彼卻沉湎以為至樂。比如一人打麻將，或如人挾妓冶遊，流連忘返，寢食俱廢，始讀出書來。以我所知國文好的學生，都是偷看幾百萬言的《三國》、《水滸》而來，絕不是一學年讀五、六十頁文選，國文會讀好的。試問在偷讀《三國》、《水滸》之人，讀書有什麼苦處？何嘗算頁數？好學的人，於書無所不窺，窺就是偷看。於書無所不偷看的人，大概學會成名。

有人讀書必裝腔作勢，或嫌板凳太硬，或嫌光線太弱，這都是讀書未入門路，未覺興味所致。有人做不出文章，怪房間冷，怪蚊子多，怪稿紙發光，怪馬路上電車聲音太噪雜，其實都是因為文思不來，寫一句，停一句。一人不好讀書，總有種種理由。「春天不是讀書天，夏日炎炎最好眠，等到秋來冬又至，不如等待到來年。」其實讀書是四季咸宜。古所謂「書淫」之人，無論何時何地可讀書皆手不釋卷，這樣才成讀書人樣子。顧千里裸體讀經，便是一例，即使暑氣炎熱，至非裸體不可，亦要讀經。歐陽修在馬上、廁上皆可做文章，因為文思一來，非做不可，非必正襟危坐明窗淨几才可做文章。一人要讀書則澡堂、馬路、洋車上、廁上、圖書館、理髮室，皆可讀。而且必辦到洋車上、理髮室都必讀書，才可以讀成書。

讀書須有膽識，有眼光，有毅力。膽識二字拆不開，要有識，必敢有一自己意見，即使一時與前人不同亦不妨。前人能說得我服，是前人是，前人不能服我，是前人非。人心之不同如其面，要腳踏實地，不可捨己耘人。詩或好李，或好杜，文或好蘇，或好韓，各人要憑良知，讀其所好，然後所謂好，說得好的道理出來。或竟蘇韓皆不好，亦不必慚愧，亦須說出不好的理由來。或某名人文集，眾人所稱而你獨惡之，則或係汝自己學力見識未到，或果然汝是而人非。學力未到，等過幾年再讀，若學力已到而汝是人非，則將來必發現與汝同情之人。劉知幾少時讀前、後《漢書》，怪前書不應有〈古今人表〉，後書宜為更始立紀。當時聞者責以童子輕議前哲，乃「赧然自失，無辭以對」，後來偏偏發現張衡、范曄等，持見與之相同。此乃劉知幾之讀書膽識。因其讀書皆得之襟腑，非人云亦云，所以能著成《史通》一書。如此讀書，處處有我的真知灼見，得一分見解是一分學問，除一種俗見，算一分進步，才不會落人圈套，滿口爛調，一知半解，似是而非。

林語堂（1895～1976），福建龍溪人。著名學者、作家、語言學家。1916年上海聖約翰大學畢業。後赴西方研讀語言學，獲哲學博士學位。1923年回國，任北京大學教授。1932年起創辦《論語》、《人世間》、《宇宙風》等刊物，為「論語派」代表人物。1936年居留美國，從事寫作、教學，並創辦《天風》月刊。1954年任新加坡南洋大學校長。1966年來臺灣。一生著述頗豐，善於英文寫作，風格幽默、閒適，長篇巨著也風靡一時。主要有《吾國吾民》、《生活的藝術》、《京華煙雲》、《自己的話》、《當代漢英辭典》、《幽默小品集》和譯著《賣花女》等。

再論線裝書

陳西瀅

世界上還沒有包治百病的萬應丹。平常所謂良藥，用了得法固然可以起沉屙，用了不得法也許可以殺死人。世上也沒有繩之萬古都相宜的真理。泰戈爾勸人少讀書。他對於東方的文藝，雖然洞見癥結，對準了毛病發藥，可是說給現在的中國人聽，實在如像煎了一劑催命湯。新中國誠然有許多地方用得著外國朋友的指導，可是不讀書那一層是已經毋須勸駕的了，雖然不讀書也不見得就與自然相接近。

自然是要親近的，人生是要觀察的，生活是要經驗的，同時書也是要讀的，雖然不一定要至少讀破多少卷。許多的天才是不用讀什麼書的，可是更多的天才是博覽群書的。許多的天才是沒有經過學習時期的，可是更多的天才是花了多少年的心血才逐漸成熟的。況且天才向來是鳳毛麟角般少見的，大多數以天才自負，或是被朋友以天才見許的人也許不過是野雞毛鹿角之類吧？自從有書已經有兩千多年，這兩千幾百年中不知有多少天才在藝術之園裡培養了多少花草，在理智之塔上加了多少磚。誰能在藝術之園裡去種一枝還不曾有過的花樹，或是在理智之塔上砌上一塊小石，已經盡了天才的能事。你不進園細細的鑑賞，或是不費力爬到塔頂，這希望是容易落空的。

書是要讀的，可是不一定要讀中國書。不但這樣，努力於新文學的人，我以為，雖然不能如吳老先生所說，完全不讀線裝書，也得少讀線裝書，多讀蟹行文。我不是說中國沒有優美的文學。我們的祖宗實在曾經給我們無數的寶山。只恨子孫不爭氣，非但不能發揚光大他們的先業，卻在寶山上壓著層層的砂磧，弄得我們的文學成了一種矯揉造作的虛偽的文學，與自然沒有一點關連，與人生更沒有一點關連。近代的中國文學可以說是「訃聞式」的文學，因為訃聞很可以代表中國人表示情感或意見的方式。「不孝□□等罪孽深重，不自殞滅，禍延顯考顯妣」了，「孤哀子□□等泣血稽血稽顙」了，「苫塊昏迷，語無倫次」了，甚至於「所以不即死者，徒以有……」了，哪一句是真話？大家明明知道這是假話，可是大家還得用它，正因為大家覺得自古以來大家就這樣用。在文藝裡也是如此：你自己的情感，或是沒有情感，是不要緊的，最重要的是古人對於這事是怎樣的情感。所以，最美妙的文章得「無一字無來歷」！結果爭事類比，陳陳相因的牢不可破，再沒有半點新鮮活潑的氣象。

我們覺得一個人能說一句自己心腔中的話，勝於運用一百個巧妙的典故——不用說大多數的典故是粗笨無聊的了——一個人能寫一段自己親見的風物，勝於堆砌一千句別人的典麗嫵媚的文章。文學家的天才正在他的感覺特別的靈敏，表現力特別的強，他能看到人所不能見，聽到人所不能聞，感受到人所不能覺察，再活潑潑地寫出來。同一風景，我們不能十分領略它的美，可是讀了天才的作品，他好像給了我們一雙新眼睛，我們對於那風景增加了欣賞。同一人

事，我們也許漠然的看過了，經天才作家赤裸裸的一描寫，我們就油然生了同情心。所以世間偉大天才的作品，我們非但不能不讀，還得浸潤在裡面。可是我們不是為了要類比他們的作品，不是為了要抄襲他們的文章，只是為了要增強我們的瞭解力，擴充我們的同情心，使我們能夠讚美自然的神祕，認識人生的真義。

也許有人要說了，這樣說來，線裝書不是不可讀，只是讀的人不得法。要是換了方法，線裝書還不一樣可讀嗎？線裝書本來不是不可讀。就是吳老先生也不過「約三十年不讀線裝書」罷了。可是，第一，披沙尋金，應當是專門學者的工作，文藝作者沒有那許多功夫，也不應當費許多功夫去鑽求。第二，適之先生說過：「人類的性情本來是趨易避難，朝著那最沒有抵抗的方向走的。」古文的積弊既久，同化力非常的大，一受了它的毒，小言之，種種的爛調套語，大言之，種種的陳舊思想，就不免爭向那最沒有抵抗的地方擠過來。你一方面想創造新東西，一方又時時刻刻的盡力排棄舊東西，當然非常的不經濟。所以要是你想在文藝的園裡開一條新路，開一片新地，最簡單的方法，是暫時避開那舊有的園地，省得做許多無聊的消極的工作。將來你的新路築成之後，盡可以回頭鑑賞那舊園裡的風物。

書是要讀的，並且得浸潤在裡面，只是那得是外國書。中國人的大錯誤，在「中學為體，西學為用」八個字。他們以為外國人勝過我們的就是在物質方面，不知道我們什麼都不及別人。就是以文學來說，我們何嘗勝過歐洲呢？就算中國與歐洲的文學各有它們不能比較的特點，歐洲文學也不能不做我們新文學的「因斯披里純」（INSPIRATION）。他們的文學，從希臘以來，雖然古典主義也常擅勢力，特殊的精神還是在尊自由，重個性，描寫自然，實現人生的裡面。這當然是新的文學、活的文學當取的唯一的途徑。中國的文學裡雖然不是沒有這樣的精神，例如陶淵明、李太白，也窺探過自然的神祕；杜少陵、曹雪芹、吳敬梓，也搜索過人生的意義，可是他們在幾乎不變的中國古典文學中，只是沙漠中的幾個小小的綠洲罷了。

我們只要一讀各國的文學史，就知道文學不是循序漸進不生不滅的東西。一個民族的文藝好像是火山，最初只見煙霧，漸漸有了火焰，繼而噴火飛石，熔質四溢，極宇宙之奇觀，久而久之，火勢漸殺，只見煙霧，再多少時煙消霧散，只留下已過的陳跡。有些火山過了多少年便一發，所以在兩個發動期之間，靜止不過是休息，有些卻一發之後，不再發了。文學運動也是如此。由小而大，漸達澎湃揚厲的全盛時期，又由盛而衰，也許由衰而歇，如希臘文學一樣，也許改弦更張，又達美境，這樣盛衰往復，循環不已，如近代歐洲的文學。每一種運動，在崛起的時候，都有奮鬥的精神，新鮮的朝氣，一到了全盛之後，暮氣漸漸加增，創造的精神既然消失，大家棄了根本去雕琢枝葉，捨了精神去模仿皮毛，甚至於誇張的正是它的弊病，崇尚的正是它的流毒。在這時候，精神強健的民族，自然就有反動，它們或是回溯往古，如韓退之的「非秦漢以前之文敢觀」，或是飲別國的甘泉，去做革新運動，它們的方法雖然不同，對於已過的運動，大都不問良莠，排斥不遺餘力，是一樣的。復古的辦法，雖然也可以一爽耳目，可是仍舊徘徊在古典文學範圍之內，好像散種子在不毛之地，難望它開花結果。在別國的文學裡去求「因斯披里純」，結果卻往往異常的豐美，猶之移植異方的花木，只要培養得法，往往可

得色香與原來大異的美本。

中國的新文學運動方在萌芽，可是稍有貢獻的人，如胡適之、徐志摩、郭沫若、郁達夫、丁西林、周氏兄弟等等，都是曾經研究過他國文學的人，尤其是志摩，他非但在思想方面，就是在體制方面，他的詩及散文，都已經有一種中國文學裡從來不曾有過的風格。這自然不過是開端，將來的收穫如何，要看他們和其他作家努力的結果了。

可是很不幸的，提倡新文學的恰巧是胡適之先生，一個對於研究國故最有興趣的人。國故是應當研究的，而且不比其餘的科學不重要。顧頡剛先生在北京大學研究所國學門週刊第十三期裡有一篇極好的文章，把這一層意思發揮得淋漓盡致，我覺得幾乎沒有一句話不同意。可是讓顧先生、胡先生去研究他們的國故好了，正如讓其餘的科學家研究他們的天文、地理、化學、物理等好了。不幸的是胡先生是在民眾心目中代表新文學運動的唯一的人物。他研究國故固然很好，其餘的人也都抱了線裝書咿啞起來，那就糟了。新文學運動的結果弄得北京的舊書漲了幾倍價——幾年前百元可買的同文館版二十四史現在得賣三百元——這是許多人常常引了來代新文學運動誇張的，可是這是我覺得最傷心的事。

陳西瀅（1896～1970），江蘇無錫人。現代作家、翻譯家。早年留學英國，獲博士學位。回國後，任北京大學外文系教授、主任。與胡適等創辦《現代評論》週刊。1946年出任國民黨政府駐聯合國教科文組織首任常駐代表。1949年來臺灣。主要著作有散文集《西瀅閒話》、譯著《父與子》、《梅立克小說集》等。

堅持自學 學無止境

曹靖華

要談我的「讀書生活」，其實很簡單：我只是個四年舊制中學的畢業生，中學畢業後，無錢升學，就走上謀生自學的道路。

我出生在豫西八百里伏牛山的腹地，從小就拾柴、割草、放牛，農閒時讀點書。最初我跟本家一位伯父讀書。那已是八十年前的事了。他教書只叫死記硬背，不講書的意思，因此讀了幾年書，連《三字經》開頭第一個字，「人之初」的「人」字是什麼意思也不明白。那時我父親在離家三十里路的朱陽關「義學」教書。父親知道我的情況，就把我帶到他身邊，跟著他讀書。這時我才真正開始了讀書生活。父親教書，要求認一個字要知道一個字的意思，不但會讀，還要會用。他用同一個字（詞）造各種不同的句子做比較，講它的活用方法。那時正是清末，在方圓幾百里的讀書人中，父親的思想最新、最進步。他最先接受了反清統治的新思潮，並且很推崇白話文，說白話文宣傳新道理。當時開封出了一種通俗刊物《白話報》，父親就是這刊物的傳佈者。那時一般讀書人都瞧不起白話文，而父親卻最愛「筆鋒常帶感情」的梁啟超的《飲冰室文集》。我也最早從父親那裡接受了新思潮。

農村裡讀書，一般都是半耕半讀。白天勞動，有時也能讀書，比如放牛時可以讀書，推磨時就把書本放在磨盤上，推一圈，讀一句。但多半還是利用「三餘」讀書的，三餘者，即「冬者歲之末，夜者日之餘，雨者晴之餘」；冬季天寒地凍，田間無活，下雨不能下地，傍晚收工之後，都是讀書的好時間。生活窮，買不起紙筆，就用樹枝在地上寫，或蘸水在方磚上練字。

我跟父親讀了幾年之後，就考上縣城的高小，那是全縣唯一的「學府」，學制三年。小學畢業後，湊了些盤費，步行四、五天到洛陽，當年稱「東路」，再搭火車到省城開封投考中學。我還記得臨行前，姐姐為了替我壯行，到鄰居家借了一點白麵，一匙油，替我包了一頓餃子。那時的舊制中學四年，中學畢業後，有錢人家的子弟都投考大學預科讀兩年，再入大學本科讀四年。而我勉強支撐到中學畢業，無錢繼續升學，我的學生生活也就從此結束。

這以後我先是到上海一家書局當校對，後來又到安徽大通的一個小島上教小學，一邊謀生，一邊自學。工餘課後，別人用來吃、喝、玩、樂的時間，我都用來讀書，有一分鐘時間就用在學習上，手不釋卷，持之以恆。不久，上海漁陽里成立了SY（社會主義青年團），以後我被派到國外。回國後參加北伐，即使在戎馬倥傯的戰鬥年月，也堅持不懈，讀書自學。起初水平低，看什麼都是似懂非懂。但看不懂也硬看，無人可問，懂多少是多少，由不懂到懂，慢慢積少成多，由懂得少到懂得多。

我自學了一輩子。俗云：「學問之道無窮」，又說：「活到老，學到老，還有三分學不了。」無論在任何情況下，我都堅持看書，堅持自學，學無止境，活到老，學到老，在馬列主

義指引下，緊跟著時代前進，稍一停步，就會落伍，就會被時代所拋棄。

這就是我自己走過的路。沒有什麼祕訣，也沒有什麼竅門。

曹靖華（1897～1987），河南盧氏縣人。著名文學翻譯家、散文家。曾被派往蘇聯留學並任教。建國後任北京大學俄語系主任、教授。中國作家協會書記處書記、全國人大代表、政協委員。在俄蘇文學作品的翻譯方面成就卓著。主要有《三姊妹》、《鐵流》、《蘇聯作家七人集》、《我是勞動人民的兒子》、《契訶夫戲劇集》等，另有散文集《花》、《春城飛花》。

談讀書

朱光潛

十幾年前我曾經寫過一篇短文《談讀書》，這問題實在是談不盡，而且這些年來我的見解也有些變遷，現在再就這問題談一回，趁便把上次談學問有未盡的話略加補充。

學問不只是讀書，而讀書畢竟是學問的一個重要途徑。因為學問不僅是個人的事而是全人類的事，每科學問到了現在的階段，是全人類分工努力日積月累所得到的成就，而這成就還沒有湮沒，就全靠有書籍記載流傳下來。書籍是過去人類的精神遺產的寶庫，也可以說是人類文化學術前進軌跡上的里程碑。我們就現階段的文化學術求前進，必定根據過去人類已得的成就做出發點。如果抹煞過去人類已得的成就，我們說不定要把出發點移回到幾百年甚至幾千年前，縱然能前進，也還是開倒車落伍。讀書是要清算過去人類成就的總帳，把幾千年的人類思想經驗在短促的幾十年內重溫一遍，把過去無數億萬人辛苦獲來的知識教訓，集中到讀者一個人身上去受用。有了這種準備，一個人才能在學問途程上做萬里長征，去發現新的世界。

歷史愈前進，人類的精神遺產愈豐富，書籍愈浩繁，而讀書也就愈不易。書籍固然可貴，卻也是一種累，可以變成研究學問的障礙。它至少有兩大流弊。第一，書多易使讀者不專精。

我國古代學者因書籍難得，皓首窮年才能治一經，書雖讀得少，讀一部卻就是一部，口誦心惟，嘴嚼得爛熟，透入身心，變成一種精神的原動力，一生受用不盡。現在書籍易得，一個青年學者就可誇口曾過目萬卷。「過目」的雖多，「留心」的卻少，譬如飲食，不消化的東西積得愈多，愈易釀成腸胃病，許多浮淺虛驕的習氣都由耳食膚受所養成。其次，書多易使讀者迷失方向。任何一種學問的書籍現在都可裝滿一個圖書館，其中真正絕對不可不讀的基本著作往往不過數千部甚至於數部。許多初學者貪多而不務得，在無足輕重的書籍上浪費時間與精力，就不免把基本要籍耽擱了；比如學哲學的儘管看過無數種的哲學史和哲學概論，卻沒有看過柏拉圖的《對話集》。學經濟學的儘管讀過無數種的教科書，卻沒有看過亞當·斯密的《原富》。做學問如作戰，須攻堅挫銳，佔住要塞。目標太多了，掩埋了堅銳所在，只東打一拳，西踢一腳，就成了「消耗戰」。

讀書並不在多，最重要的是選得精，讀得徹底，與其讀十部無關輕重的書，不如以讀十部書的時間和精力去讀一部真正值得讀的書；與其十部書都只能泛覽一遍，不如取一部書精讀十遍。「舊書不厭百回讀，熟讀深思子自知。」這兩句詩值得每個讀書人懸為座右銘。讀書原為自己受用，多讀不能算是榮譽，少讀也不能算是羞恥。少讀如果徹底，必能養成深思熟慮的習慣，涵泳優遊，以致於變化氣質；多讀而不求甚解，譬如馳騁十里洋場，雖珍奇滿目，徒惹得心慌意亂，空手而歸。世間許多人讀書只為妝點門面，如暴發炫耀家私，以多為貴。這在治學方面是自欺欺人，在做人方面是趣味低劣。

讀的書當分種類，一種是為獲得現世界公民所必須的常識，一種是為做專門學問。為獲常識起見，目前一般中學和大學初年級的課程，如果認真學習，也就很夠用。所謂認真學習，熟讀講義、課本並不濟事，每科必須精選要籍三、五種來仔細玩索一番。常識課程總共不過十數種，每種選讀要籍三、五種，總計應讀的書也不過五十部左右。這不能算是過奢的要求。一般讀書人所讀過的書大半不只此數，他們不能得實益是因為他們沒有選擇，而靜讀時又只潦草滑過。

常識不但是現世界公民所必須，就是專門學者也不能缺少它。近代科學分野嚴密，治一科學問者多故步自封，以專門為藉口，對其他相關學問毫不過問。這對於分工研究或許是必要，而對於淹通深造卻是犧牲。宇宙本為有機體，其中事理彼此息息相關，牽其一即動其餘，所以研究事理的種種學問的表面上雖可分別，在實際上卻不能割開。世間絕沒有一科孤立絕緣的學問。比如政治學須牽涉到歷史、經濟、法律、哲學、心理學以致於外交、軍事等等，如果一個人對於這些相關學問未曾問津，入手就要專門學政治學，愈前進必愈感困難，如老鼠鑽牛角，愈鑽愈窄，尋不著出路。其他學問也大抵如此，不能通就不能專，不能博就不能約。先博學而後守約，這是治任何學問所必守的程序。我們只看學術史，凡是在某一科學問有大成就的人，都必定於許多他科學問有深廣的基礎。目前我國一般青年學子動輒喜言專門，以致於許多專門學者對於極基本的學科毫無常識。這種風氣也許是在國外大學做博士論文的先生們所釀成的。它影響到我們的大學課程，許多學系所設的科目「專」到不近情理，在外國大學研究院裡也不

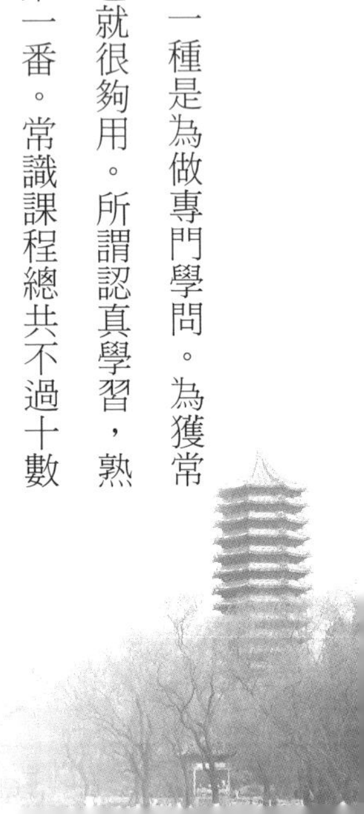

一定有。這好像逼吃奶的小孩去嚼肉骨，豈不是誤人子弟？

有些人讀書，全憑自己的興趣。今天遇到一部有趣的書就把預擬做的事丟開，用全副精力去讀它；明天遇到另一部有趣的書，仍是如此辦，雖然這兩書在性質上毫不相關。一年之中可以時而習天文，時而研究蜜蜂，時而讀莎士比亞。在旁人認為重要而自己不感興味的書都一概置之不理。這種讀法有如打游擊，亦如蜜蜂採蜜。它的好處在使讀書成為樂事，對於一時興到的著作可以深入，久而久之，可以養成一種不平凡的思路與胸襟。它的壞處在使讀書泛濫而無所歸宿，缺乏專門研究所必須的「經院式」的系統訓練，產生畸形的發展，對於某一方面知識過於重視，對於另一方面知識可以很蒙昧。我的朋友中有專讀冷僻書籍，對於正經正史從未過問的，他在文學上雖有造就，但不能算是專門學者。如果一個人有時間與精力允許他過享樂主義的生活，不把讀書當作工作而只當作消遣，這種蜜蜂採蜜式的讀書法原亦未嘗不可採用。但是一個人如果抱有成就一種學問的志願，他就不能不有預定計畫與系統。對於他，讀書不僅是追求興趣，尤其是一種訓練，一種準備。有些有趣的書他須得犧牲，也有些初看很枯燥的書他必須咬定牙關去硬啃，一久了他自然可以啃出滋味來。

讀書須有一個中心去維持興趣，或是科目，或是問題。以科目為中心時，就要精選那一科的要籍，一部一部地從頭到尾讀，以求對於該科得到一個概括的瞭解，做進一步高深研究的準備。讀文學作品以作家為中心，讀史學作品以時代為中心，也屬於這一類。以問題為中心時，心中先須有一個待研究的問題，然後採關於這問題的書籍去讀，用意在搜集資料和諸家對於這問題的意見，以供自己權衡取捨，推求結論。重要的書仍須全看，其餘的這裡看一章，那裡看一節，得到所要搜集的資料就可以丟手。這是一般做研究工作者所常用的方法，對於初學不相宜。不過初學者以科目為中心時，仍可約略採取以問題為中心的微意。一書作幾遍看，每一遍只著重某一方面。蘇東坡與王朗書曾談到這個方法：

少年為學者，每一書皆作數次讀之。當如入海百貨皆有，人之精力不能並收盡取，但得其所欲求者耳。故願學者每一次做一意求之，如欲求古今興亡治亂聖賢作用，且只做此意求之，勿生餘念，又別做一次求事蹟文物之類，亦如之，他皆做此。若學成，八面受敵，與慕涉獵者不可同日而語。

朱子嘗勸他的門人採用這個方法。它是精讀的一個要訣，可以養成仔細分析的習慣。舉看小說為例，第一次但求故事結構，第二次但注意人物描寫，第三次但求人物與故事的穿插，以致於對話、辭藻、社會背景、人生態度等等都可如此逐次研求。

讀書要有中心，有中心才易有系統組織。比如看史書，假定注意的中心是教育與政治的關係，則全書中所有關於這問題的史實都被這中心聯繫起來，自成一個系統。以後讀其他書籍如經子專集之類，自然也常遇著關於政教關係的事實與理論，它們也自然歸到從前看史書時所形成的那個系統了。一個人心裡可以同時有許多系統中心，如一部字典有許多「部首」，每得一條新知識，就會依物以類聚的原則，彙歸到它的性質相近的系統裡去，就如拈新字貼進字典裡去，是人旁的字都歸到人部，是水部的字都歸到水部。大凡零星片段的知識，不但易忘，而且

無用。每次所得的新知識必須與舊有的知識聯絡貫串，這就是說，必須圍繞一個中心歸聚到一個系統裡去，才會生根，才會開花結果。

記憶力有它的限度，要把讀過的書所形成的知識系統，原本枝葉都放在腦裡儲藏起來，在事實上往往不可能。如果不能儲藏，過目即忘，則讀亦等於不讀。我們必須於腦以外另闢儲藏室，把腦所儲藏不盡的都移到那裡去。這種儲藏室在從前是筆記，在現在是卡片。記筆記和做卡片有如植物學家採集標本，須分門別類訂成目錄，採得一件就歸入某一門某類，時間過久了，採集的東西雖極多，卻各有班位，條理井然。這是一個極合乎科學的辦法，它不但可以節省腦力，儲有用的資料，供將來的需要，還可以增強思想的條理化與系統化。預備做研究工作的人對於記筆記和做卡片的訓練，宜於早下功夫。

朱光潛（1897～1986），安徽桐城人。著名美學家。1918年考入香港大學教育系，畢業後去英、法留學。1933年回國任教於北京大學西語系。曾任全國文聯理事、中國美學會會長。早期與豐子愷、葉聖陶等創辦開明書社、《中學生》雜誌。代表作有《西方美學史》、《文藝心理學》、《美學批判論文集》、《詩論》，譯著有黑格爾《美學》、柏拉圖《文藝對話錄》等。

讀書與自動的研究

宗白華

我們的思想、見解、學識，可以從兩個泉源中得來：（一）從過去學者的遺籍；（二）從社會、人生與自然的直接觀察。第一種思想的泉源叫做「讀書」，第二種思想的泉源叫做「自動的研究」，或「自動的思想」。這兩種思想泉源孰優孰劣，是我今天所想討論的問題。

讀書，是把古人的思想重複思想一遍。這中間有幾種好處，就是（一）腦力經濟：古人由無數無數直接經驗和研究得來的有價值的思想，如科學中的種種律令，我們可以不費許多腦力，不費許多勞動就得著了。這不是很經濟嗎？（二）時間經濟：古人用畢生的時間得著的新發現，像開普勒的行星運行律令，我們可以在一小時的時間內就領會了，這不是很經濟的嗎？所以，「讀書」確有很大的價值，我們不能不承認的。但是它也有很多的流弊，我們不可不知道，不可不預防。流弊中最大的危險，就是我們讀書讀久了，安於讀書，習於以他人的思想為思想，漸漸的把自己「自動研究」、「自動思想」的能力消滅了。關於這一層我記得德國哲學家叔本華說得極透徹，我就把他書中的話，暫時代表我的自動研究貢獻諸君。

叔本華說：讀書是拿他人的頭腦，代替自己的思想。讀書讀久了，當會使自己的思想，不

能成一個有系統的自內的發展。我們的頭腦中充滿了許多外來的思想，這種外來思想紛呈堆積，東一塊，西一塊，好像一堆亂石；不比那由我們自己心中親切體驗發展出來的思想，可以自成一個有生氣的、有機體的系統。我們既常常以他人的思想為思想，以讀書為唯一的思索的時間，離了書本，就茫然不能思索，得了書本，就猶魚得水，這種腦筋是沒有用了，至多不過是一個沒有條理的藏書樓。所以，我們要直接的向大自然的大書中讀那一切真理的符號，不要專在書房中，守著古人的幾篇陳言。我們要曉得古人留下來的書籍，好比是他在一片沙岸上行走時留下來的足印。我們雖可以從他這足印中看出他所行走的道路與方向，但卻不能知道他在道路所看見的是些什麼景物，所發生的是些什麼感想；我們果真要瞭解這書籍中的話，獲得這書籍的益，還是要自己按著這書籍所指示的道路，親自去行走一番，直接的看這路上有些什麼景物，能發生些什麼感想。（按：叔本華這個譬喻，同莊子的糟粕菁華的譬喻有點相似，且更覺親切。）

所以叔本華並不是絕對的反對讀書，他自己讀書之多，在歐洲學者中要算得很稀少的——不過他極力鼓吹自動的觀察，自動的思想，他還有個譬喻說得好，他說書籍中的知識，譬如武士的盾甲，一個強而有力的武士，運用沉重的盾甲，可以自衛，可以攻戰；一個能力薄弱的人擔負了一身沉重的盾甲，反而不能行動了。所以天才能多讀書而不為書籍學問所拖累；一般人多讀了書，反而減少了常識，對於社會、人生、自然失去了親切的瞭解，只牢記得些書本中的死知識，不能運用，不能理解。

以上我引了叔本華書本中的幾句死話。他這話對不對，還要我們親自去看。不過人家要問我：我們不去專讀死書，又怎麼樣呢？我們怎樣去自動的研究，怎樣去自動的思想呢？我必答道，我們自動的研究也要有方法，有途徑。不是盲動的，亂動的，乃是有條理、有步驟的活潑有趣的動作。這種動作是什麼？這種動作就是科學方法的活動研究。這種活動就是走到大自然中，自動的觀察，自動的歸納。從這種自由動作中得來的思想，才是創造的思想，才是真實的學問，才是親切的知識。這是一切學術進步的途徑，這是一切天才成功的祕訣。這個途徑不唯近代大科學家如是，就是古代天才的思想家也是如此。就看中國周秦時的莊子，我們從他的書中，可以知道他每天並不是坐在家中讀死書，他是常常走到自然中觀察一切，思想一切，到處可以觸動他的靈機，發揮他的妙想。他書中引用自然間現象做譬喻的非常之多。以他那種愛在自然中活動，又富於偉大的理解能力，若生於現在，知道了許多科學實驗的方法與器具，不也是一個大科學家嗎？但是他所得的結果也已經不小了。以我所知道的中國哲學家看來，創造的思想之豐富，恐怕要推莊子第一。

莊子是中國學術史上最與自然接近的人，最富於自動觀察的人，所以也是個最富於創造思想的人。我們模仿他的學者人格，再具有精密的科學方法，抱著豐富的科學知識，向著大自然間，做自動的研究，發揮自動的思想，恐怕這神祕萬方的自然，也要悄悄的告訴我們幾件未曾

公開的祕密呢！

宗白華（1897～1986），江蘇常熟人。哲學家、美學家、詩人。「五四」時期的新詩代表人物之一，曾主編《學燈》，出版《三葉集》。建國後任北京大學哲學系教授。另有《美學散步》、《藝境》及《批判力批判》（譯著）等著作。

致孫伏園信

徐志摩

伏園：（註1）

方才我看了《東方雜誌》上譯的惠爾思那篇世界十大名著，忽然想起了年前你寄給我那封青年應讀書十部的徵信（註2），現在趁機會答覆你吧！我卻不願意充前輩扳著教書匠的臉沉著口音吩咐青年們說，這部書應得讀的，那部書不應得唸的；認真的說，我們一輩子讀進去的書能有幾部，且不說整部的書；這一輩子真讀懂了的書能有幾行——真能讀懂了幾行書我們在這地面上短短的幾十年時光也就盡夠受用不是？貴國人是愛博學的，所以恭維讀書人不是說他是兩腳書櫃子，就說他讀完了萬卷書——只要多就可以嚇人，實在你來不及讀，書架上多擺幾本也好，有許多人走進屋子看見書多就起敬，我以前腦筋也曾簡單過來，現在學壞了，上當的機會也遞減了。

我並不是完全看不起數量、面積、普及教育、平民主義等等，「看不起什麼」是一種奢侈品，您得有相當的身分，我哪配？但同時我有我的癖氣，單是多，單是「橫闊」，單是「豎大」，是不容易嚇倒我的。比如有人對我說某人學問真不錯，他唸了至少有兩千本書——我只當沒有聽見。第二個朋友對我說某人的經歷真不少，他環遊地球好幾回，什麼地方都到過——我只當沒有聽見。第三個朋友報告我某人的交遊真廣，哪一個不是他的好友——我只當沒有聽見。反過來說：假如我聽說某人真愛柏拉圖的《共和國》，他老是念不厭；或是某人真愛某城市某山某水，那裡的一草、一木、一花、一鳥、一間屋子一條街道都像是他自己的家裡似的；或是某人真懂得某人全世界罵他是賊，他一個人說他是聖人；——這一說我就聽見我就懂得了。到過英國的誰沒有逛過大英博物院——可是先生您發現了什麼；您也去過國王油畫館不是，您看中了哪幾幅畫？近幾年我們派出去的考查團很多，在倫敦紐約的街道上常見有一群背後拖著燕子尾巴的黃臉紳士施施地走著路，像一群初放出籠的扁嘴鴨子，他們照例到什麼地方一定得遊玩名勝的——很好，很好，不錯，不錯，真不錯，紐約的高樓有五十七，唔，五十八層，自由神像的腦袋裡都爬得進去，我們全到過，全看過真好。你如其不知趣再要往下問時他們就到他們的抽屜裡去找他們的報告書給你看，有圖有表挺整齊的報告書，這裡面多的是資料，真細心的調查，不錯，維也納的強迫教育比柏林的強迫教育差百分之四點二，孟賽斯德比利物浦多五十三個紗廠、十五個鐵廠，不錯不錯，我們是調查教育的，我們是調查實業的，不錯不錯，下面（註3）你到外國去，我有朋友介紹給你。

唸書也有這種情形。現代的看書更是這個問題了。從前的書是手印、手裝、手釘的，出書不容易，得書不容易，看書人也就不肯隨便看過，現在不同了，書也是機器造的，一分鐘可以印幾千，一年出的書可以拿萬來計數，還只嫌出版界遲鈍，著作界沉悶哪！這來您看我們唸書的人可不著了大忙？眼睛還只是一雙，腦筋還只是一個，同時這世界加快了幾十倍，事情加多了幾十倍，我們除了「混」還有什麼辦法！

再說唸書也是一種冒險。什麼是冒險除了憑你自己的力量與膽量到不曾去過的地方去找出一個新境界來？真愛探險、真敢冒險的朋友們永遠不去請教嚮導，他們用不著；好奇的精神便是他們的指南。唸書要先生就比如遊歷誰當嚮導，穩當是穩當了，意味可也就平淡了。結果先生愈有良心，嚮導愈盡責任，你得好處的機會愈少。小孩子瞞著大人偷出去爬樹，就是閃破了皮直流血，他不但不嚷痛哭倒反得意的；要是在大人面前，吃了一點子小虧他就不肯隨便過去，不嚷出一隻大蘋果來就得三塊牛奶糖去補他的虧。這自走路自跌跤就不怨，是一個教育學的大原則。我媽時常調著我說你看某人的家庭不是頂好的，他們又何嘗是新式，某家的夫婦當初還不是自相情願的現在糟得不成話，誰說新式一定好老式一定壞，我就不信！我就說媽呀，妳懂事，我給妳打比如：年輕人恨的不是栽筋斗，他恨的人家做好了筋斗叫他栽，讓他自己做筋斗栽去，栽斷了頸根他也沒話說！

婚姻是大事情，讀書也是大事情。要我充老前輩訂下一大幅體面的書目單吩咐後輩去唸，我就怕年輕人回頭罵我不該做成了筋斗叫他去栽。介紹——談何容易！介紹一個朋友，介紹一部書，介紹一件喜事——一樣的負責任，一樣的不容易討好；比較的做媒老爺的責任還算是頂輕的。老太爺替你訂了親要你結婚你不願意；不錯，難道前輩替你訂下了書你就願意看了嗎？

就說惠爾思先生吧！他的學問，他的見解，不是比我們高明了萬倍。他也應了《京報》記

者的征信，替我們選了十部名著，當然你信仰我還不如信仰他，可是你來照他的話試試去。他的書單上第一、第二就是《新舊約》書，第三種就是我們自己家有的《大學》，第四是回回的《可蘭經》……得了，得了，那我早知道，那是經書教書，與我們青年人有什麼相干！您看，惠爾思的書單還不曾開全早就叫你一句話踢跑了。不，就使你真有耐心趕快去買《保羅書》、《可蘭經》、《中庸》、《大學》來唸時，要不了十五、二十分鐘你不打哈欠、不皺眉頭才怪哪！

不，這事情真的沒有那麼容易。青年人所要的是一種「開竅」的功夫；我們做先生的是好比拿著鑽子替他們「混沌」的天真開竅來了。有了竅靈性才能外現，有了竅才能看、才能聽、才能呼吸、才能聞香臭辨味道。「愛竅」不通，比如說，哪能懂得生命，「美竅」不通哪能懂得藝術；「知識竅」不通哪能認識真理；「靈竅」不通哪會想望上帝……不成，這話愈說愈遠愈不可收拾了！得想法說回來才好。記得我應得說的是哪十部書是青年人應該讀的。我想起了胡適之博士訂下的那一本書目，我也曾經大膽看過一遍。慚愧！十本書裡至少有九本是我不認識它的，碰巧那天我在他那裡，他問我訂的好不好，我吞了一口唾液，點點頭說不錯。唔，不錯！我是頂佩服胡先生的，關於別的事我也很聽他話的，但如其他要我照他訂的書目用功那就叫我生吞鐵彈了！

所以我懂得，誘人讀書是一種功德——但就這誘字難，孔夫子不可及就為他會循循的誘人進徑；他絕不叫人直著嗓子吞鐵彈，你信不信？我喜歡柏拉圖，因為他從沒有替我訂過書目；

我恨美國的大學教授，因為他們開口是參考閉口是書。

Up! Up! my friend, and clear your books;

Why all this toil and trouble?

……

Books!' this is a dull and endless strife, …（註4）

這是我的先生的話！你瞧，你的哪兒比得上我的！頂好是不必讀書：——

Come hear the wood land linnet ,

How sweet his music! Oh my life.

There's more of wisdom in it.（註5）

可是留神，這不讀書的受教育比讀書難；明知畫不成老虎你就不用畫老虎；能畫成狗也就不壞，最怕是你想畫老虎偏像狗，成心畫狗又不像狗了。上策總是做不到的，下去你就逃不了書；其實讀書也不壞，就要你不靠傍先生；你要當探險家就不要嚮導；這是中策。但中策也往往是難的，聽你的下策吧！我又得打比喻。學生比如一條牛（不要生氣，這是比喻），先生是牧童哥。牧童哥知道草地在哪裡，山邊的草青，還是河邊的草肥——牛，不知道。最知趣的牧童就會牽了他的朋友到草青草肥的田裡去，這一「領到」他的事情就完了，他可以舒舒服服的選一個蔭涼的樹蔭下做好夢去，或是坐在一塊石頭上掏出蘆笛來吹它的《梅花三弄》，我們只能羨慕他的清福。至於他的朋友的口味，牠愛咬什麼，鳳尾草還是團邊草，夾金錢花的青草還

是夾狗尾巴的莠草等等，他就管不著，也不用管，就使牛先生大嚼時有牛虻來麻煩牠的後部，也自有牠的小尾巴照拂，再不勞牧童哥費心。

這比喻盡夠條暢了不是？再往下說就是廢話了。其實伏園，你這次徵求的意思當作探問各家書呆子讀書的口味倒是很有趣的，至於青年人實際的唸書我怕這忙幫不了多少，為的是各家口味一定不同，寧波人喜歡打翻醬缸不怕口高；貴州人是很少知道鹽味的；蘇州人愛吃醋，杭州人愛吃臭，湖南人吃生辣椒，山東人咬大蒜，這一來你看多難，叫一大群張著大口想嚐異味的青年朋友跟誰去「試他一試」去？

話又得說回來，肯看書終究是應得獎勵的。就說口味吧！你跟湖南人學會吃辣椒，跟山東人學會吃大蒜，都沒有什麼，只要你吞得下，消得了；真不合適時你一口吐了去漱漱口也就完事不是？就是一句話得記在心裡，舌頭是你自己的，肚子也是你自己的，嚐味辨味是不能替代的，你的口味還得你自己去發現（比如胡先生說《九命奇冤》是一部名著你就跟著說《九命奇冤》是一部名著，其實你自己並不曾看出他名在哪裡，那我就得怪你），不要藉人家的口味來充你自己的口味，自騙自絕不是一條通道。

我不是個書蟲，我也不十分信得過我自己的口味；竟許我並不曾發現我自己真的口味；但我卻自喜我從來不曾上過先生的當，我寧可在黑弄裡仰著頭瞎摸，不肯拿鼻孔去湊人穴（註6）的鐵鉤。你們有看得起我願意學我的，學這一點就夠了。趁高興……我也把我生平受益（應作受感）最深的書開出來給你們看看不知道有沒有十部：

《莊子》（十四、五篇）
《史記》（小半部）
杜斯妥也夫斯基（註7）《罪與罰》、
湯瑪斯哈代的《Jude the Obscure》（註8）、
尼采的《Birth of Tragedy》（註9）、
柏拉圖的《共和國》、
盧騷的《懺悔錄》、
華爾德斐德（Walter Patter）《Renaissance》（註10）、
哥德《浮士德》的前部、
George Henry Lewess的《哥德評傳》（註11），夠了。

1．原刊1925年2月16日《京報副刊》。
2．時孫伏園任《京報副刊》編輯，他在1925年1月「京副」欄上徵求「青年愛讀書」和「青年必讀書」各十部的書目。
3．疑為「回」。
4．即「起來！起來！我的朋友，丟開你那些書本吧！幹嘛要陷入這些勞作和煩惱中呢？……書本！那是一種沉悶而無休止的勞作。」
5．即「來吧！到林中空地來傾聽那紅雀的啁啾，牠的叫聲是多麼的美妙！啊！我的生命，那中間有

多少智慧。」

6．「穴」疑為「家」。

7．即杜斯妥也夫斯基，十九世紀俄國大作家。

8．即《無名的裘德》。

9．即《悲劇的誕生》。

10．即英國唯美主義理論家佩特的《文藝復興》。

11．喬治．亨利．劉易斯，英國作家。

徐志摩（1896～1931），浙江海寧人。著名詩人、散文家、教授。1916年入北京大學法科學習。1922年留學回國後，歷任北京大學、清華大學、平民大學教授。為「五四」時期新詩的倡導者，「新月派」代表人物。有《志摩的詩》、《翡冷翠的一夜》等著作。

讀書並非為黃金——我的不讀書的經驗

孫福熙

中國人太把「讀書」看得嚴重，「書中自有黃金屋，書中自有千鍾粟」的說法，先認讀書為苦不可耐，於是用黃金利祿來引誘，就是「吃得苦中苦，方為人上人」的意思。

本刊徵求我讀書的經驗，我不敢以讀書人自居（雖然讀書人的「書生氣」的壞處依然是很多），我能說的不是讀書的經驗，而是不讀書的經驗。

我三週歲以後就讀書，讀書這樣早，完全因為我幼年時太活潑，毀壞了許多東西的緣故。一直到十二歲，全是舊式灌注的教育，除了識字的成績以外，到現在是毫無益處。因為讀書沒有趣味的緣故。此後入學校，直至師範學校畢業為止，凡有書本的功課我都不大喜歡。所喜歡的是手工圖畫以及書本以外兼有實物的理化博物。再後則半工半讀或者整日工作而夜間自己讀書而已。

尤其是在法國的時候，因為經濟能力是不能讀書的，所以，一方面分出時間去工作，一方

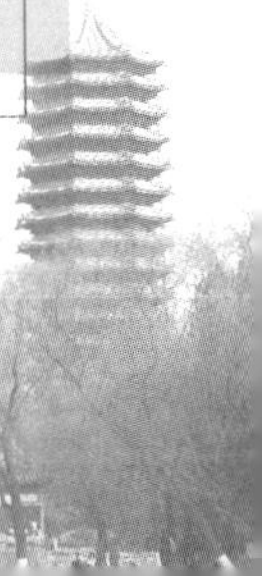

面又節省讀書應有的一切工具與方法，欲讀書而不可得了。沒有人教我法文，為了節省起見，不懂一句法文，就進美術學校學畫去了。自己看看法文書，弄出許多的錯誤。為了這個緣故，我的一點知識，都與事實有關，例如法文中的「蘭花」一字，是同學在公園中告訴我的，所以至今聯想到這同學與公園，「延長」一字聯想下雨與房東老太婆，因為並不是從讀書得來，所以我沒有什麼字是可以聯想書本的。

這該是很大的恥辱。

不但如此，許多人是先讀了書，後來證之事實，驚嘆古人深思明辨，於是豁然貫通地說一聲：「此誠所謂『學於古訓乃有獲，監於成憲永無愆』也。」

而我則不然，我的肚皮裡沒有書，沒有把有系統的書本知識做為辨別事理的根據，每遇到事物上有疑問，只得亂翻書本來求解答而已。

我以為，中國人把讀書看得太苦亦太尊貴了，於是與世界事物脫離了關係。讀書與散步、踢球、看電影、遊山玩水，並不衝突，而且是互有補益。（大學生天天進跳舞場未必有益，但偶然去一次，未必帶回滿身的惡果，這全在自己的處置如何耳。）

我覺得，一個法國人走進圖書館去，簡直同走進戲院、電影場去是一樣的性質。星期或假日，不必工作的時候，法國人就要利用這一天時間，做有益身心之事。我不是說法國人愚笨，肯以讀書苦事視為看戲、看電影一樣的快樂；我要說的是讀書得法的時候，與戲劇、電影之啟發知識，涵養德性，陶冶情感的消遣性質者，完全是一樣的。

中國的電影太受美國影響的緣故，遊嬉的性質太多，學術的意味太少了。反之，中國的讀書，或者可以說，學術的意味太多，而引動趣味太少，內容則平板陳腐，文字則枯燥生硬，雖有黃金利祿的引誘，天下盡有未用讀書作「敲門磚」而騙到了黃金與利祿者。

著書者與讀書者的態度都可以改變一下。

孫福熙（1898～1962），浙江紹興人。現代畫家、散文家。浙江省立第五師範學校畢業，後經魯迅介紹入北京大學圖書館工作。1920年後曾兩次留學法國學習繪畫和文學。建國後長期從事編輯工作。主要著作有散文集《山野掇拾》、《歸航》、《北京乎》、《春城》等。通行本有《孫福熙散文》。

談談怎樣讀書

王力

首先談讀什麼書。

中國的書是很多的，光古書也浩如煙海，一輩子也讀不完，所以讀書要有選擇。清末張之洞寫了一本書叫《書目答問》，是為他的學生寫的，他的學生等於我們現在的研究生。他說寫這本書有三個目的：第一個目的是給這些學生指出一個門徑，從何入手；第二個目的是要他們選擇良莠，即好不好，好的書才唸，不好的書不唸；第三個目的是分門別類，再加些注解，以幫助學生唸書。從《書目答問》看，讀書就有個選擇的問題，好書才讀，不好的就不用讀。他開的書單於是很長的，我們今天要求大家把他提到的書都讀過也不可能，今天讀書恐怕要比《書目答問》提出的書少得多。我們沒有那麼多時間，因此，選擇書很重要。不加選擇，如果讀的是一本沒有用處的書，或者是一本壞書，那就是浪費時間。不只是浪費時間，有時還接受些錯誤的東西。到底讀什麼不讀什麼？這要根據各人的專業來定。如對研究漢語史的來說，倘若一本書是專門研究六書的，或者專門研究什麼叫轉注的，像這樣的書就不必讀，因為對研究漢語史沒什麼幫助。而像《說文段注》、《馬氏文通》這樣的書就不可不讀了。因為《馬氏文通》是我國最早的一部語法書，而讀了《說文段注》，對《說文解字》就容易理解多了，這對研究漢語史很有幫助。讀書要有選擇，這是第一點，可以叫去粗取精。

第二點，叫由博返約。對於由博返約，現在大家不很注意，所以要講一講。我們研究一門學問，不能說限定在那一門學問裡的書我才唸，別的書我不唸。你如果不讀別的書，只陷於你研究的那一門的書裡邊，這是很不足取的，一定唸不好，因為你的知識面太窄了，碰到別的問題你就不懂了。過去有個壞習慣，研究生只是選個題目，這題目也相當尖，但只寫論文了，別的書都沒唸，將來做學問就有很大的侷限性。如果將來做老師，那就更不好了。研究漢語史的，除了關於漢語史的一些書要讀，還有很多別的書也要讀，首先是歷史，其次是文學，多了，還是應該由博到專，即所謂由博返約。

第三點，要厚今薄古。這是什麼意思呢？這是因為從前人的書，如果有好的，現代人已經研究，並加以總結發揮了。我們唸今人的書，古人的書也包括在裡邊了。如果這書品質不高，沒什麼價值，那就大可不唸。《書目答問》就曾提到過這一點，他說他選的大多是清朝的書，有些古書，也是清朝人整理並加注解的。比如經書，十三經也是經清朝人整理並加注解的。從前，好的書，經清朝人整理就行了，不好的書，清朝人就不管它了。他的意思，也就是我上面說的那個意思。他的話可適用於現在，並不需要把很多古書都讀完，那也做不到。

再談談怎樣讀書。

首先應讀書的序例，即序文和範例。過去我們有個壞習慣，以為看正文就行了，序例可以不看，其實序例裡有很多好東西。序例常常講到寫書的綱領、目的。替別人作序的，還講書的優點。範例是作者認為應該注意的地方。這些都很好，而我們常常忽略。《說文》的序是在最後的，我建議你們唸《說文段注》把序提到前面來唸。《說文序》，段玉裁也加了注，更應該唸，《說文段注》有王念孫的序，很重要，主要講《說文段注》之所以寫得好，是因為作者講究音韻，掌握了古音，能從音到義。王序把段注整部書的優點都講了。再如《馬氏文通》序和範例是很好的東西，序裡有句話：「會集眾字以成文，其道終不變。」意思是說許多單詞集合起來就成文章了，它的道理永遠不變。他上面講到了字形常有變化，字音也常有變化，只有語法自始至終是一樣的。當然，他這話並不全面，語法也會有變化的，但他講了一個道理，即語法的穩定性。我們的語法自古至今變化不大，比起語音的變化差得遠，語法有它的穩定性。另外，序裡還有一句話：「字之部分類別，與夫字與字相配成句之義。」這句意思是說研究語法，首先要分詞類，然後是這些詞跟詞怎麼搭配成為句子、語法就是講這個東西，這句話把語法的定義下了，這定義至少對漢語是適用的。《馬氏文通》的範例更重要。裡邊說，《孟子》有兩句話：「親之欲其貴也，愛之欲其富也。」「之」是「他」的意思，「其」也是「他」的意思。為什麼不能互換呢？又如《論語》裡有兩句話：「愛之能勿勞乎？忠焉能勿誨乎？」兩句格式很相像，為什麼一句用「之」，一句用「焉」？《論語》裡還有兩句話：「俎豆之事，

則嘗聞之矣；軍旅之事，則未之學也。」這兩句話也差不多，為什麼一句用「矣」，一句用

「也」呢？這你就非懂語法不可。不懂，這句話就不能解釋。從前人唸書，都不懂這些，誰也不知道提出這個問題來，更不知怎麼解答了。這些問題從語法上很好解釋，根據馬氏的說法，參照我的意見，可以這樣解釋：「親之欲其貴也，……」為什麼「之」、「其」不能互換，因為「之」只能用作賓語，「其」相反，不能用作賓語。「之」、「其」的任務是區別開的，所以不能互換。「愛之能勿勞乎？忠焉能勿誨乎？」為什麼前一句用「之」，後一句用「焉」？因為「愛」是及物動詞，「忠」是不及物動詞，「愛」及物，用「之」，「之」是直接賓語；「忠」不及物，只能用「焉」，因為「焉」是間接賓語。再有，「俎豆之事，則嘗聞之矣；軍旅之事，則未之學也。」「矣」是表示既成事實，事情已完成；「未之學也」，是說這事沒完成，沒這事，所以不能用「矣」，只能用「也」。凡沒完成的事，只能用「也」，不能用「矣」。從語法講，很清楚。不懂語法，古漢語無從解釋。他這樣一個範例有什麼好處呢？說明了人們為什麼要學語法，他為什麼要寫一本語法書，不單是《說文段注》和《馬氏文通》這兩部書，別的書也一樣，看書必須十分注意序文和範例。

其次，要摘要做筆記。現在人們喜歡在書的旁邊圈點，表示重要。這很好，但是還不夠。最好把重要的地方抄下來。這有什麼好處呢？張之洞《書目答問》中有一句話很重要，他說：「讀書不知要領，勞而無功。」一本書，什麼地方重要，什麼地方不重要，你看不出來，那就

勞而無功，你白唸了。現在有些人唸書能把有用的東西吸收進去，有的人並沒有吸收進去，看了就都忘了。為什麼？因為他就知道看，不知道什麼地方是好的，什麼地方是最重要的、最精彩的，即張之洞所謂的要領，他不知道，這個書就白唸了。有些人就知道死記硬背，背得很多，背下來有沒有用處呢？也還是沒有用處。這叫勞而無功。有些人並不死記硬背，有些地方甚至馬馬虎虎就看過去了，但唸到重要的地方，他就一點也不放過，把它記下來。所以，讀書要摘要做筆記。

第三點，應考慮試著做眉批，在書的天頭上加自己的評論。看一本書如果自己一點意見都沒有，可以說你沒有好好看。你好好看的時候，總會有些意見的。所以，最好在書眉，又叫天頭，即書上空的地方做些眉批。試試看，我覺得這本書什麼地方好，什麼地方不合適，都可以加上評論。昨天，我看從前我唸過的那本《馬氏文通》，看到上面都寫有眉批，那時我才二十六歲。我在某一點不同意書的意見，有我的看法，就都寫在上邊了。今天拿來看，拿五十年前批的來看，有些批的是對的，有些批錯了，但沒關係，因為經過了你自己的考慮。批人家，你自己就得用一番心思，這樣，對那本書的印象就特別深。自己做眉批，可以幫你讀書，幫你把書的內容吸收進去。現在，我們自己買不到書，也可以用另外的辦法，把記筆記和書評結合在一起，把書評寫在筆記裡，這樣很方便。用筆記本一方面把重要的記下來，另一方面，某些地方我不同意書裡的講法，可以寫上一段自己的看法，表示自己的意思。把筆記、眉批併為一個東西。

另外，要寫讀書報告，如果你做了筆記，又做了眉批以後，讀書報告就很好寫了。最近看了一篇文章，一篇很好的讀書報告，就是趙振鐸的《讀〈廣雅疏證〉》，可以向他學習。《廣雅疏證》是怎麼寫的，有什麼優點，他都講到了。像這樣寫個讀書報告就很好，好的讀書報告簡直就是一篇好的學術論文。

王力（1900~1986），廣西博白人。現代著名語言學家。1925年入上海國民大學。1926年入清華大學國學研究院。1927年留學法國，獲博士學位。先後在清華大學、燕京大學、西南聯大等校任教。1954年後任北京大學教授。一生著作等身，主要有學術專著《古代漢語》、《漢語詩律學》，雜文集《龍蟲並雕齋瑣語》。

憶讀書

冰心

一談到讀書，我的話就多了！

我自從會認字後不到幾年，就開始讀書。倒不是四歲時讀母親教給我的商務印書館出版的國文教科書第一冊的「天，地，日，月，山，水，土，木」以後的那幾冊，而是七歲時開始自己讀的「話說天下大勢，分久必合，合久必分……」的《三國演義》！

那時我的舅父楊子敬先生每天晚飯後必給我們幾個表兄妹講一段《三國演義》，我聽得津津有味，什麼「宴桃園豪傑三結義，斬黃巾英雄首立功」，真是好聽極了，但是他講了半個鐘頭，就停下去做他的公事了。我只好帶著對於故事下文的無限疑問，在母親的催促下，含淚上床。

此後我決定咬了牙拿起一本《三國演義》來，自己一知半解地讀了下去，居然越看越懂，雖然字音都讀得不對，比如把「凱」唸作「豈」，把「諸」唸作「者」之類，因為就只學過那個字一半部分。

談到《三國演義》我第一次讀到關羽死了，哭了一場，便把書丟下了。第二次再讀時，到諸葛亮死了，又哭了一場，又把書丟下了。最後忘了是什麼時候才把全書讀到分久必合的結局。

這時就同時還看了母親針線籮裡常放著的那幾本《聊齋誌異》。聊齋故事是短篇可以隨時拿起放下，又是文言的，這對於我的作文課，很有幫助。時為我的作文老師曾在我的作文本上，批著「柳州風骨，長吉清才」的句子，其實我那時還沒有讀過柳宗元和李賀的文章，只因那時的作文，都是用文言寫的。

因為看《三國演義》引起了我對章回小說的興趣，對於那部述說「官迫民反」的《水滸傳》大加欣賞。那部書裡著力描寫的人物，如林沖——林教頭風雪山神廟一回，看了使我義憤填膺！武松、魯智深等人，都有其自己極其生動的風格，雖然因為作者要湊成三十六天罡七十二地煞勉勉強強地滿了一百零八人的數目，我覺得也比沒有人物個性的《蕩寇志》強多了。

《精忠說岳》並沒有給我留下太大的印象，雖然岳飛是我從小就崇拜的最偉大的愛國英雄。在此順便說一句，我酷愛古典詩詞，但能夠從頭背到底的，只有岳武穆的《滿江紅》「怒髮衝冠」那一首，還有就是李易安的《聲聲慢》。她那幾個疊字「尋尋，覓覓，淒淒，慘慘，戚戚」寫得十分動人，尤其是以「尋尋覓覓」起頭，描寫盡了「若有所失」的無聊情緒。

到得我十一歲時，回到故鄉的福州，在我祖父的書桌上看到了林琴南老先生送給他的《茶

花女遺事》，使我對於林譯外國小說，有了廣泛的興趣，那時只要我手裡有幾角錢，就請人去買林譯小說來看，這又使我知道了許多外國的人情世故。

《紅樓夢》是在我十二、三歲時看的，起初我對它的興趣並不大，賈寶玉女聲女氣、林黛玉的哭哭啼啼都使我厭煩，還是到了中年以後，再拿起這部書看時，才嚐到「滿紙荒唐言，一把辛酸淚」，一個朝代和家庭的興亡盛衰的滋味。

總而言之，統而言之，我這一輩子讀到的中外的文藝作品，不能算太少。我永遠感到讀書是我生命中最大的快樂！從讀書中我還得到了做人處世的「獨立思考」的大道理，這都是從「修身」課本中所得不到的。

我自八〇年到日本訪問回來後，即因傷腿閉門不出，「行萬里路」做不到了，「讀萬卷書」更是我唯一的消遣。我每天都會得到許多書刊，知道了許多事情，也認識了許多人物。同時，書看多了，我也會挑選、比較。比如說看了精彩的《西遊記》，就會丟下繁瑣的《封神榜》；看了人物如生的《水滸傳》，就不會看索然乏味的《蕩寇志》等等。對於現代的文藝作品，那些寫得朦朦朧朧的，堆砌了許多華麗的詞句的，無病而呻、自作多情的風花雪月的文字，我一看就從腦中抹去，但是那些滿帶著真情實感、十分質樸淺顯的篇章，那怕只有幾百上千字，也往往使我心動神移，不能自己！

書看多了，從中也得到一個體會，物怕比，人怕比，書也怕比，「不比不知道，一比嚇一跳。」

因此，有某年的六一國際兒童節，有個兒童刊物要我給兒童寫幾句指導讀書的話，我只寫了幾個字，就是：

讀書好，多讀書，讀好書。

一九八九年九月八日清晨

冰心（1900～1999），原名謝婉瑩。福建長樂人。著名女作家、兒童文學家、文學翻譯家。五四時期即開始文學創作。1923年燕京大學畢業後赴美留學，期間寫成著名的書信體散文《寄小讀者》。回國後執教於燕京大學和清華大學。其散文清新流暢，含蓄雋永，有極高的成就。作品主要有詩集《繁星》、《春水》，散文集《寄小讀者》、《小桔燈》、《櫻花讚》，譯作《泰戈爾劇作集》、《印度童話集》等。現有《冰心選集》、《冰心文集》行世。

讀書的意義

俞平伯

古人云：「讀萬卷書，行萬里路」，這不僅有關連，是一樁事情的兩種看法而已。遊歷者，活動的書本。讀書則曰臥遊，山川如指掌，古今如對面，乃廣義的遊覽。現在，因交通工具的方便，走幾萬里路不算什麼，讀萬卷書的日見其少了。當有種種的原因，最淺顯的看法，是讀書的動機、環境、空氣無不缺乏。

講到讀書的真意義，於擴充知識以外兼可涵詠性情，修持道德，原不僅為功名富貴做敲門磚。即為功名富貴，依目下的情形，似乎不必定要讀書，更無須藉光聖經賢傳，甚至於愈讀書會愈窮，這無怪喜歡讀書，懂得怎樣讀的人一天一天的減少了。讀書空氣的稀薄，讀書種子的稀少，互為因果循環。

現在有一些人，你對他說身心性命則以為迂闊，對他說因果報應則以為荒謬，對他說風花雪月則以為無聊。不錯，是迂闊、荒謬、無聊。你試問他，不迂闊、不荒謬、不無聊的是啥？他會有種種漂亮的說法。但你不可過於信他，他只是要錢而已。文言謂之好利。有一個故事，不見得靠得住，只可以算笑話。乾隆帝下江南，在金山寺登高，望見江中大大小小、多多少少的船，戲問隨鑾的紀曉嵐，共有幾隻。這原是難題，拿來開玩笑的，若回答說不知道，那未免殺風景。紀回答得好，臣只見兩條船，一條為名，一條為利。在那時，這故事諷刺世情已覺刻露，但現在看來，不免古色古香。意存忠厚，應該對答皇帝道，只有一條船。

好利之心壓倒一切，非一朝一夕之故。古人說：「不以利為利，以義為利也。」以義為利是遙遠的古話。退一步說，以名為利。然名利雙收，話雖好聽，利必不大。唯有不恤聲名的利，以利為利，始專而且厚。道德名譽的觀念本多半從書本中來，不恤聲名與不好讀書亦有相互的關連。

在這一味好利的空氣中尋求讀書樂，豈不難於上青天，除非我們把兩者混合。假如我們能夠立一種制度，使天下之俊秀求官位利祿之途必出於讀書，近乎從前科舉的辦法，這或者還有人肯下十載寒窗的苦功，嚴格說來，這已失卻讀書的真意義，何況這制度的確立還遙遙無期。

現在有一種情形，這十年以來，說得遠一點，二、三十年以來都如此，就是國文程度顯著的低落，別字廣泛地流行著，在各級學校任教的，人人皆知，人人皺眉頭痛，認為不大好辦的事情。這嚴重的光景，不僅象徵著讀書階級的崩潰，並直接或間接影響到民族的前途，國家的生長。

文字教育好像不算得什麼。文字原不過白紙上畫黑道，一種形跡而已，但文化卻寄託在這形跡上。我們常誇說神州立國幾千年，華夏提封數萬里，這種時空的超卓並不必由於天賦，實半出於人為，皆先民積久辛勤努力所致，我們應如何歡喜慚愧，卻不可有恃無恐。方塊字的完

整、艱深、固定，雖似妨礙文化知識的普及，亦正於無形之中維護國家的統一與永久。從時間說，我們讀古書如《論語》，覺得孔子、孟子似乎不太遠，而杜工部、蘇東坡的詩文呢？他們兩位活像我們的老前輩，這是方塊文字不易變動之力。假如當初完全用音標文字，那不必提周、秦、兩漢，就是唐、宋，也就很遙遠而隔閡，我們通解先民的情思比較困難，而華夏國本亦因而動搖不安。再從空間說，北自滿洲，南迄嶺海，雖分南、北、中三部，細分還有更多的區域，然而中國始終只是一個，譬如說廣東話與北京話完全兩樣，而紙上文字完全一致。我國屢經外夷侵略，或暫被征服，而於風雨飄搖中始終屹立不失者，上面已表過是先民血汗的成績，而在民族的團結上，文字確也幫忙不少。歷史事實具在，不容易否認的。

所以文字教育的失敗，表面上看只是讀書種子稀少，一般國文水準低落而已，骨子裡已損害民族國家的前途，自非好做危言聳人聽聞，廢書不讀可謂今日之流行病，用功的人難道沒有？即有少數的人好學潛修也不足挽回這頹風。即以學校教育而論，聽講的時間每多於自修，而自修課業，有如太史公所謂好學深思心知其意者能有幾人？我不敢輕量天下之士，武斷地說或者不多吧！如何使人安心向學，對讀書感到興味，似是小事，卻是牽連社會生計問題，譬如餓著肚子讀書當然不成的，更有關於教育考試銓敘各制度的改革。我們從事教育寫作文字的固責無旁貸，但已不僅是個人努力的事，而成為民族復興國運重光的大業之一了。

俞平伯（1900～1990），浙江德清人。文史學家、紅學專家、詩人。1919年畢業於北京大學文學院。曾加入北京大學新潮社，是新文學運動初期的重要一員。任北京大學教授，教授中國文學多年。著有《紅樓夢研究》、《讀詞偶得》等著作。

讀書苦？讀書樂？

梁實秋

從開蒙說起

讀書苦？讀書樂？一言難盡。

從前讀書自識字起。開蒙時首先是唸字型大小，方塊紙上寫大字，一天讀三、五個，慢慢增加到十來個，先是由父母手寫，後來書局也有印製成盒的，背面還往往有畫圖，名曰看圖識字。小孩子淘氣，誰肯沉下心來一遍一遍地認識那幾個單字？若不是靠父母的撫慰，甚至糖果的獎誘，我想孩子開始識字時不會有多大的樂趣。

光是認字還不夠，需要練習寫字，於是以描紅模子開始，「上大人，孔乙己，化三千……」再不就是「一夫二三里，煙村四五家，亭臺六七座，八九十枝花」，或是「王子去求仙，丹成上九天，洞中才一日，世上幾千年」。手搦毛筆管，硬是不聽使喚，若不是先由父母把著小手寫，多半就會描出一串串的大墨豬。事實上，沒有一次寫字不曾打翻墨盒硯臺弄得滿手烏黑，狼籍不堪。稍後寫小楷，白摺子烏絲欄，寫上三、五行就覺得很吃力。大致說來，寫字還算是愉快的事。

進過私塾或從「人，手，足，刀，尺」，讀過初小教科書的人，對於體罰一事大概不覺陌生。唸背打三部曲，是我們傳統的教學法。一目十行而能牢記於心，那是天才的行徑。普通智商的兒童，非打是很難背誦如流的。英國十八世紀的約翰孫博士就贊成體罰，他說那是最直截了當的教學法，頗合於我們所謂「撲作教刑」之意。私塾老師大概都愛抽旱菸，一、二尺長的旱菸袋總是隨時不離手的，那菸袋鍋子最可怕，白銅製，如果孩子背書疙疙瘩瘩的上氣不接下氣，當心那菸袋鍋子敲在腦袋殼上，砰的一聲就是一個大疱。誰疼誰知道。小學教室講臺桌子抽屜裡通常藏有戒尺一條，古所謂榎楚，也就是竹板一塊，打在手掌上其聲清脆，感覺是又熱又辣、又痲又疼。早年的孩子沒嚐過打手板的滋味的大概不太多。如今體罰懸為禁例，偶一為之便會成為新聞。現代的孩子比較有福了。

從前的孩子認字，全憑記憶，記不住便要硬打進去。如今的孩子讀書，開端第一冊是先學注音符號，這是一大改革。本來是，先有語言，後有文字。我們的文字不是拼音的，雖然其中一部分是形聲字，究竟無法看字即能讀出聲音，或是發音即能寫出文字。注音符號（比反切高明多了）是幫助把語言文字合而為一的一種工具，對於兒童讀書實在是無比的方便。我們中國的文字不是沒有嚴密的體系，所謂六書即是一套提綱挈領的理論，雖然號稱「小學」，小學生誰能理解其中的道理？《說文解字》五百四十個部首就會使得人暈頭轉向。章太炎編了一個「部首歌」：「一、上、示、三、王、玉、玨……」煞費苦心，誰能背得出來？陳獨秀編了一部《小學識字讀本》（臺灣印行改名為《文字新論》），是文字學方面一部傑出的大作，但是

顯然不是適合小學識字的讀本。我們中國的語言文字，說難不難，說易不易，高本漢說過這樣一段話——

北京語實在是一種最可憐的方言，總共只有四百二十個音綴；普通的語詞有不下四千個，這四千多個的語詞，統須支配於四百二十個音綴當中。同音語詞的增進，使聽受者受了極大的困難，對此也可以想見了……（見《中國語與中國文》）

這是外國人對外國人所說的話。我們中國兒童國語嫻熟，四聲準確，並不覺得北京語「可憐」。我們的困難不在語言，在語言與文字之間的不易溝通。所以讀書從注音符號開始，這方法是絕對正確的。

《三字經》、《百家姓》、《千字文》是舊式的啟蒙的教材。《百家姓》有其實用價值，對初學並不相宜，且置勿論。《三字經》、《千字文》都編得不錯，內容豐富妥當，而且文字簡練，應該是很好的教材，所以直至今日還有人懷念這兩部匠心獨運的著作，但是對於兒童並不相宜。孩子懂得什麼「人之初，性本善」，「天地玄黃，宇宙洪荒」？一九一二年，我在北平陶氏學堂讀過一個時期的小學，記得國文一課是由老師領頭高吟「擊鼓其鏜，踴躍用兵，土國城漕，我獨南行……」，全班一遍遍地循聲朗誦，老師喉嚨乾了，就指派一個學生（班長之類）代表他領頭高吟。朗誦一個小時，下課。好多首《詩經》作品就是這樣的注入我的記憶，可是過了五、六十年之後自己摸索才略知那幾首詩的大意，小時候多少時間都浪費掉了。教我讀《詩經》的那位老師的姓名已不記得，他那副不討人敬愛的音容道貌至今不能忘！

新式的語文教科書顧及兒童心理及生活環境，讀起來自然較有趣味。一九一二年的國文教科書，「一人二手，開門見山，山高日小，水落石出……」、「一老人，入市中，買魚兩尾，步行回家」……這一類課文還多少帶有一點文言的味道。後來仿效西人的作風，就有了「小貓叫，小狗跳……」一類的句子，為某些人所詬病。其實孩子喜歡小動物，由此而入讀書識字之門，亦未可厚非。抗戰初期我曾負責主編一套中小學教科書，深知其中艱苦，大概越是初級的越是難於編寫，因為牽涉到兒童心理與教學方法。現在臺灣使用的中小學教科書，無論在內容上或印刷上較前都日益進步，學生面對這樣的教科書至少應該不至於望而生畏。

紀律與興趣

高中與大學一、二年級是讀書求學的一個很重要階段。現在所謂讀書，和從前所謂「讀聖賢書」意義不同，所讀之書範圍較廣，學有各門各科，書有各種各類。但是國、英、算是基本學科，這三門不讀好，以後荊棘叢生，一無是處。而這三門課，全無速成之方，必須按部就班，耐著性子苦熬。讀書是一種紀律，談不上什麼興趣。

梁啟超先生是我所敬仰的一位學者，他的一篇〈學問與興趣〉廣受大眾歡迎，很多人讀書全憑興趣，無形中受了此文的影響。我也是他所影響到的一個。我在清華讀書，竊自比附於「少小愛文辭」之列，對於數學不屑一顧，以為性情不近，自甘暴棄，勉強及格而已。留學國外，學校當局強迫我補修立體幾何及三角兩課，我這才知道發憤補修。可巧我所遇到的數學教師，是真正循循善誘的一個人，他講解一條定律、一項原理，不厭其詳，遠譬近喻的要學生徹底理解而後已。因此我在這兩門課中居然培養出興趣，得到優異的成績，蒙准免予參加期終考試。我舉這一個例，為了說明一件事，吾人讀書上課，無所謂性情近與不近，無所謂有無興趣。讀書上課就是紀律，越是自己不喜歡的學科，越要加倍鞭策自己努力鑽研。克制自己欲望的這一套功夫，要從小時候開始鍛鍊。讀書求學，自有一條正路可循，由不得自己任性。梁啟超先生所倡導趣味之說，是對有志研究學問的人士說教，不是對讀書求學的青年致詞。

一般人稱大學為最高學府，易令人滋生誤解，大學只是又一讀書求學的階段，直到畢業之日才可稱之為做學問的「開始」。大學仍然是一個準備階段，大學所講授的仍然是基本知識。所以大學生在讀書方面沒有多少選擇的自由，凡是課程規定的以及教師指定的讀物都是必須讀的，青年人常有反抗的心理，越是規定必須讀的，越是不願去讀，寧願自己去海闊天空的窮搜冥討。到頭來是枉費精力自己吃虧，五四時代我還是個學生，求知的欲望很盛，反抗的情緒很強，亦曾有志於讀書而不知所從。張之洞的《書目答問》不足以饜所望。有一天，幾個同學和我以《清華週刊》記者的名義，進城去就教於北大的胡適之先生，胡先生慨允為我們開一個最低的國學必讀書目，後來就發表在《清華週刊》上。內容非常充實，名為最低，實則龐大得驚人。梁啟超先生看到了，憑他淵博的學識開了一個更詳盡的書目。沒有人能按圖索驥地去讀，能約略翻閱一遍認識其中較重要的人名、書名就很不錯了。吳稚暉先生看到這兩個書目，氣得發出一切線裝書都該丟進茅坑裡去的名言！現在想想，我們當時惹出來的這個書目風波，倒也不是什麼壞事，只是好高騖遠、不切實際罷了。我們的舉動表示我們不肯枯守學校規定的讀書紀律，而對於更廣泛、更自由的讀書要求開始展露了天真的興趣。

書到用時方恨少

我到三十歲左右開始以教書為業的時候，發現自己學識不足，讀書太少，應該確有把握的題目東一個窟窿西一個缺口，自己沒有全部搞通，如何可以教人？既已荒疏於前，只好惡補於後，而惡補亦非易事。我忘記是誰寫的一副對聯：「書有未曾經我讀，事無不可對人言！」很有意思，下句好像是左宗棠的，上句不知是誰的。這副對聯表面上語氣很謙遜，細味之則自視甚高。以上句而論，天下之書浩如煙海，當然無法遍讀，而居然發現自己尚有未曾讀過之書，則其已經讀過之書必已不在少數，這口氣何等狂傲！我愛這句話，不是因為我也感染了幾分狂傲，而是因為我確實知道自己的譾陋，許多該讀而未讀的書太多，故此時時記掛著這句名言，勉勵自己用功。

我自三十歲才知道自動的讀書惡補。惡補之道首要的是先開列書目，何者宜優先研讀，何者宜稍加參閱，版本問題也是非常重要。此時我因兼任一個大學的圖書館長，一切均在草創，經費甚為充足，除了國文系以外各系申請購書並不踴躍，我乃利用機會在英國文學圖書方面廣

事購儲。標準版本的重要典籍以及參考用書乃大致齊全。有了書並不等於問題解決，要逐步一本一本地看。我哪裡有充分時間讀書？我當時最羨慕英國詩人米爾頓，他在大學畢業之後聽從他父親的安排到郝爾頓鄉下別墅下帷讀書五年之久，大有董仲舒三年不窺園之慨，然後他才出而問世。我的父親也曾經對我有過類似的願望，願我苦讀幾年書，但是礙於環境，事與願違。我一面教書，一面惡補有關的圖書，真所謂是困而後學。例如莎士比亞劇本，我當時熟悉的不超過三分之一，例如米爾頓，我唯讀過前六卷。這重大的缺失，以後才得慢慢彌補過來。至於國學方面更是多少年茫然不知如何下手。

讀書樂

讀書好像是苦事，小時嬉戲，誰愛讀書？既讀書，還要經過無數次的考試，面臨威脅，擔驚害怕。長大就業之後，不想奮發精進則已，否則仍然要繼續讀書，我從前認識一位銀行家，鎮日價籌劃盈虛，但是他床頭擺著一套英譯《法朗士全集》，每晚翻閱幾頁，日久讀畢全書，引以為樂。宦場中、商場中有不少可敬的人物，品味很高，嗜讀不倦，可見到處都有讀書種子，以讀書為樂，並非全是只知道爭權奪利之輩。我們中國自古就重視讀書，據說秦始皇日讀一百二十斤重的竹簡公文才就寢。《鶴林玉露》載：「唐張參為國子司業，手寫九經，每言讀書不如寫書。高宗以萬乘之尊，萬機之繁，乃亦親灑宸翰，遍寫九經，雲章粲然，始終如一，自古帝王所未有也。」從前沒有印刷的時候講究抄書，抄書一遍比讀書一遍還要受用。如今印刷發達，得書容易，又有縮印、影印之術，無輾轉抄寫之煩，讀書之樂乃大為增加。想想從前所謂「學富五車」，是指以牛車載竹簡，僅等於今之十萬字弱。紀元前一千年以羊皮紙抄寫一部《聖經》需要三百張羊皮！那時候圖書館裡的書是用鐵鏈鎖在桌上的！《聽雨紀談》有一段話：

蘇文忠公作《李氏山房藏書記》曰：「予猶及見老儒先生言其少時，《史記》、《漢書》皆手自書，日夜誦讀，惟恐不及。近歲，諸子百家，轉相摹刻，學者之於書，多且易致其文辭學術當倍蓰昔人。而後學之士皆束書不觀，遊談無根。」蘇公此言切中今時學者之病，蓋古人書籍既少，凡有藏者率皆手錄。蓋以其得之之難故，其讀亦不苟。至唐世始有板刻，至宋而益盛，雖云便於學者，然以其得之之易，遂有蓄之而不讀，或讀之而不滅裂，則以有板刻之故。無怪乎今之不如古也。

其言雖似言之成理，但其結論今不如古則非事實。今日書多易得，有便於學子，讀書之樂豈古人之所能想像。今之讀書人所面臨之一大問題乃圖書之選擇。開卷有益，實未必然，即有益之書其價值亦大有差別。羅斯金說得好：「所有的書可分為兩大類：風行一時的書與永久不朽的書。」我們的時間有限，讀書當有選擇。各人志趣不同，當讀之書自然亦異，唯有一共同標準可適用於我們全體國人。凡是中國人皆應熟讀我國之經典，如《詩》、《書》、《禮》，以及《論語》、《孟子》，再如《春秋左氏傳》、《史記》、《漢書》以及《資治通鑑》或近人所著《通史》，這都是我國傳統文化之所寄。如謂文字艱深，則多有今注今譯之版本在。其他如子集之類，則各隨所願。

人生苦短，而應讀之書太多。人生到了一個境界，讀書不是為了應付外界需求，不是為人，是為己，是為了充實自己，使自己成為一個明白事理的人，使自己的生活充實而有意義。吾故曰：讀書樂。我想起英國十八世紀詩人一句詩——

"Stuff the head with all such reading as was never read."

大意是：「把從未讀過的書籍，趕快塞進腦袋裡去。」

梁實秋（1902～1987），浙江杭縣人。著名文學評論家、翻譯家。1926年留美回國後，在多所大學任教授。主編《時事新報》副刊、《苦茶》、《新月》、《益世報·文學週刊》等雜誌，曾與魯迅等左翼作家多次撰文論戰。1934年任北京大學英文系研究教授，後兼任系主任，同時主編《自由評論》。1949年轉往臺灣，晚年致力於文學翻譯。主要學術成就是，撰寫文學評論集《浪漫的與古典的》、《偏見集》、《看雲集》、《文學的紀律》，翻譯《莎士比亞全集》，編著大型雙語辭典《遠東英漢大辭典》等。

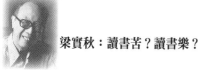

買書

葉公超

以譯《魯拜集》傳名於後世的費茲傑羅（Fitzgerald）有一天呆坐在他的小書房裡，怒視著圍繞他的書。憤怒之下，致書友人云：「我寫這信告訴你我最近的決斷。我想把所有的書都賣去，或燒去，只留下聖經、字典、失樂園、頗普的詩各一部，放在我書案上，最好都就在手邊，那樣，我再不會找不著我要用的書了，至少我會知道我此處只有這四部書，別的，世間別的書都在別處，不在我的架上。你一定覺得可笑，假使我告訴你我剛才白生一陣氣，找了半天一部我並沒有的書……我忽感到我書架上無用的書實在太多了……」這是一八七三寫的，這位先生已然是六十四歲了。他買了我想至少有四十年的書才悟到這步，未免令人感覺此道之難也。最苦惱的是，他絕不忍真的賣去這些「無用」的書的，至於燒那更不必追究了。不賣不燒就是繼續的保存著它們的「無用」，其實也就是它們的「用」。書的有用與無用者不在書而在人。人用著它，它便有用，大有「相公厚我，我厚相公」之勢；人用不著它，它便無用，頓時變成寄生蟲一般的可惡，甚至要為人變賣、付焚，其潦倒狼狽之狀猶不能擊動我們的同情與容忍。我要替書說句公道話：不要這樣沒有良心，書是有生命的東西，有脈搏、有知覺的朋友。

葉公超：買書

朋友也只有一時之用，或僅僅一度的關係，但日後遇見總不免打個招呼，甚而停下寒暄一陣。你想他總算朋友，他想你居然以朋友看待，於是彼此拿出笑容，彼此容忍，彼此拉手再見。這樣之後，便算朋友了。既為朋友，見面自必招呼，自必寒暄，自必拿出笑容，自必容忍。書從鋪裡到我們的架上不能說不是一度的關係，至少你曾看過它，看過之後，或敬它，或愛它，或憎它，或恨它。既有這種經過，我便主張容忍它與你的關係。

藏書家我想一定不會有這種麻煩，至少如汲古閣、海源閣、皕宋樓等等的主人們絕不是我們這樣慈悲的善心人。在他們，取捨一經決定似乎就不再有別的問題了，除非後來發現自己被騙了，但這也容易解決，只是難過而已。買書來看，或預備來看的人，久而久之總得容忍一些「此刻無用」的朋友們，否則一面買，一面賣，或一面燒，生活更不堪忍受了。但這只是問題的一面而已。同樣困難的還有買什麼或先買什麼再買什麼；對於憒於樹立原則的人，就是，哪類的書應當自己買，哪類的書應當到圖書館去借。這樣一來，問題馬上就嚴重起來了。古人沒有圖書館的方便，反倒容易處置：有錢見著要的書就買，買了不用，安排在架上，望望也好，再為子孫留下一點書香，更覺可為。二十世紀的讀書人可苦了。除非你住的靠近倫敦博物院，或國會圖書館，或牛津博得利安，總有你要的書圖書館沒有的。就是明知道它有，你也未必願意去借，況且還有許多不許你借回家的書，而慣於在孤靜的斗室中看書的你，又不肯天天按著鐘點到那公眾閱覽室裡去看。同時，個人的經濟能力又有限，禁不住要妄想買到一部永久有用的書。前幾年我曾把個人的書分放在三面書架上，一面是要讀的各種書，一面是備查的參考書，再一面是既不讀又不查的書。我當時並且立下一條原則：參考書以後不買了，不讀不查的書絕不買，要讀的書，非讀不可的，先到圖書館去借，沒有，再決定買不買。今天，三年後，三面書架上的書已不分彼此了，同時放不下的書又另佔了一整面牆的架子。關於買書，我如今只有感慨，沒有原則了。

葉公超（1904～1981），廣東番禺人。著名學者、外交家。留學英美，獲哈佛大學與康橋大學碩士學位。曾任北京大學西語系主任、教授。1949至1958年任外交部部長，後為駐美大使、故宮博物院管理委員會副主任委員。著有《中國古代文化生活》，另存有《葉公超文集》等。

讀書與生活

李霽野

到白沙來，原是應了朋友的約，來看看梅花的，聽說有三百棵，很羨慕諸位的幸福。不料卻有同學來找我演講，我不免嘆一口氣，心想說書的命，到什麼地方也逃不脫。不過我實在沒有什麼可說，因為我只帶來一個空空的腦袋，預備裝滿了好風景、好印象回去；卻原來也要付代價。這年頭，窮日子真難過。幸而聽幾位先生說，諸位很愛讀書，我因此想到現在要講的題目。諸位也許笑我「三句話不離本行」，我想這樣笑我是不應該的，因為讀書也罷，生活也罷，我都外行得很。現在糾纏到一塊來說，恐怕更說不好了。

聽一般人的說話，讀書彷彿是怪令人頭痛的事情。不是「一部廿四史無從讀起」，分量太多，就是天氣不好，「春天不是讀書天，夏日炎炎正好眠，秋又涼來冬又冷，收拾書包好過年。」——這首好詩，別處的學生聽說都是很心會的。說是進學堂讀書來的，為什麼這樣為難呢？我想，現在的教育制度要負一部分責任：拿死的知識填塞了之後，再拿考試來測量結果，不要幾年，學生就變為完全被動的了，讀書的興趣也被消滅。我記得自己在學校讀英文時，先生曾經用過幾種英國文學名著做教本，結果我往往想到這些書的顏色和樣式便覺得厭惡。我這樣懷著偏見來厭惡的，有那位「寫起文章來像天使」的高斯密斯（Oliver Goldsmith）。以後我每看他的文章，特別看到他那聰明的高額頭，便覺得怪對他不住。連對莎士比亞（William Shakespeare）我都表示過不敬，諸位就想一想這些教育家的本事！幸而我自己碰到一本《天方夜談》，使我對外國文的興趣，沒有完全被悶死。從此我發現了一個新大地，在課堂上雖然不免常打盹，課外卻往往懶得睡覺。我用不著再聽先生三番兩次地說，「書中自有黃金屋」或「書中自有顏如玉」。我知道他們只使我見到「顏如鐵」，我倒不如閉眼唸幾聲佛。我不知道別人的經驗怎樣，不過我相信在塞與考兩重夾板中間，總壓不出很好的結果。

所以我覺得，要想培養讀書的興趣，非將態度根本改變了不可。讀書不是要應付考試，不是要敷衍外來的要求，卻是要滿足內心的需要，充實自己的生活。換了話說，讀書必須是自己的有機的一部分。必須和自己的生活經驗熔為一爐。若是書和生活經驗發生了親切的關係，書便有了味道，變為知己的朋友一樣了。若是生活經驗從讀書擴大推廣，充實的機會就無限的增多了。書將人的生活方式和態度根本改變，是常有的例子。反之，生活的經驗越豐富，讀書的欣賞和理解力也就越深廣，也就越能領略書中的真味。所以讀書與生活是相輔相成的，必須兩者並進，才可以達到佳境。光讀書而無生活，只嚐得到間接的經驗，和吃嚼過的飯差不多；光生活而不讀書，卻勢必空虛、狹小。

我現在來舉幾個小小的例子，說明我這一點點的意思。我說讀書可以增廣加深生活的經驗，因為名著是最好的感情和思想的結晶，我們可以從其中吸收無窮的精神的養料。很平常的

東西，經過名著的作者，特別是詩人，描寫之後，便有了意味，在讀者的心中形成了聯想。這樣的詩句便成了「Open Sesame」（《阿里巴巴與四十大盜》中開門的咒語）一樣的咒語，可以替讀者打開了珍貴的寶庫。諸位知道，羅馬有一位大詩人維吉爾（Veigil），他在中世紀被人認為魔術家，因為他的半行、一行的詩，往往可以在讀者心裡喚起無窮的聯想，彷彿是咒語一樣。

最近翻譯吉辛（George Gissing）的《四季隨筆》（The private papers of Henry Ryecroft），其中有一段將這個意思講得最好。他引約翰生（Samuel Johnson）的話：在讀過書和沒有讀過書的人之間，同死人與活人之間，有同樣大的差別。接著他說蝙蝠和梟鳥，若不是因為入了詩人的世界，他也許看到牠們，聽到牠們，只懷著厭惡或迷信。可是，

「Then nightly sings the staring owl. To—whit! To—who!— a nerry note.」

（凝目的梟鳥夜夜歌唱著，To—whit! To—who— 歡快的歌調。）

「On the bat's back I do fly. After summer merrily.」

（我在蝙蝠的背上飛來飛去，快快樂樂地過著夏季。）

這兩種鳥便入了超凡的境地，變為富於詩的聯想的了。可是對於不讀詩的人，牠們和麻雀有什麼不同呢？夜鶯、雲雀、布穀，也因為詩的聯想，更被人珍視。這種微妙的經驗，不讀詩的人卻無福領略。我因為韓愈的詩句——黃昏到寺蝙蝠飛，對於蝙蝠也頗懷好感，而且每見到牠，往往想起繞床飢鼠，蝙蝠翻燈舞，彷彿見到了詩人辛棄疾獨宿的淒涼情景。讀過一點詩詞

的人，黃鸝、燕、鳩、杜鵑等鳥所引起的情緒，也自然和未曾讀過詩的人完全不一樣。我們經過詩人的眼睛來看萬象，經過詩人的耳朵來聽萬籟，彷彿是增加了一種感官；而不曾讀過詩的人，卻彷彿是瞎了眼睛，聾了耳朵，他們的生活經驗自然也就貧乏得多了。其他如樹木花草，本身固然是美的，也因為詩的聯想而更美。梅呀、柳呀、梧桐呀、芭蕉呀，在不讀書的人的心目中，假如引起什麼情緒的話，也完全是另外一回事。所以讀書使我們的生活豐富。

吉辛又說到半夜的鐘聲使他驚醒，若不是為了莎士比亞的聯想，他也許會詛咒它擾亂睡眠呢！讀過張繼的夜半鐘聲到客船，假如諸位中有人半夜被鐘聲驚醒，不會因此感到喜悅嗎？

生活方式和態度被讀書所改變，是所以還要辦教育的基本理由，恐怕諸位從教育家聽的已多，見的已多，我用不著多說了。我只說一件小事。多年前我讀到一篇論散步的文章，作者特夫萊嚴（G. M. Trevelyan）說他有兩位大夫，一位是他的左腿，一位是他的右腿，在身心失調的時候，他總請他們醫治，而且一治必好。那時我還在窮學生時代，而且頗有人擔心我活不下去，所以常請這兩位大夫侍候我，是最合理，也是最經濟的事。決然下聘約。不像目前許多教授，只兼掛名的差事，他們倒是很熱心服務的。幾年後舊同學見到我，卻驚訝我居然不但沒有入墓，卻比以前健康些了。這還是小益處。他們給了我更多的精神上的快樂。我覺得我的整個的人生觀，都差不多因為他們改變了。別的人聽說都是用腦子思想的，我卻用腿思想的時候也頗多。我向諸位保證，腿實在不像許多腦子那樣空虛。假如我早幾年讀到這篇文章，我不知要多得多少益處；特別他論到青春苦惱期的一段，會給我最健全的啟示。我先說到蝙蝠，諸位也

許有譏笑我懸空的；這一回可腳踏實地了。

我說生活的經驗也可以增加讀書的理解和欣賞，讓我也來舉一點小小的例子。記得有一回，和在座的臺靜農先生談到中國詩的意境，我說很喜歡柳永詞中的「楊柳岸曉風殘月」。他問我，前一句「今宵酒醒何處」如何？我搖搖頭，因為我不善喝酒。他卻覺得酒醒後那境界更好。這有點不好商量。不過他繼續說，有一次回故鄉的途中，卻親身經歷過這境界。我只有甘拜下風，承認他的欣賞更真切。在我，「楊柳岸」和「曉風殘月」從沒有合成過一幅和諧的圖畫。

我在北平，教學生讀過一點詩，有一位坦然承認唸不出什麼味道。多半是情詩，他正在厭惡女性，難怪的。暑假後，他見我第一句話便說他喜歡那些詩了。我笑了笑，他也心會我知道他不是在厭惡中過日子了。

對於名著的欣賞，有許多地方很受自己的經驗限制，所以膾炙人口的名著，有時讀不出什麼好，也不必掃興的。怎樣的名著也往往有不精彩的地方，不一定就是自己的瞭解力過差。就是最精彩的地方，也不是人人都可以同樣領略。有人說，一年讀一次莎士比亞，每次都可以有新發現。真正的名著，大體都很耐咀嚼，咀嚼一回，總可以得到些真味。不要只相信別人的說法，雖然明達的批評可以幫助我們的欣賞，可惜這樣的批評並不多。我們和十個人相交，未必有兩、三位可以成為朋友；眾書中所得的友誼溫情，比例卻比較高。有時我們自己的經驗沒有成熟，不能瞭解欣賞一部作品；有時同一作品，因為讀的時間不同，給我們很不同的印象，可以證明自己的經驗往往在讀書上有絕大的決定作用。所以我們要想深入到書裡去，非同時將生活經驗盡力擴大不可。有批評家說，少年人讀塞萬提斯（Gervantes）的《唐吉珂德先生》（Don Quixote）會發笑，中年人讀了會思想，老年人讀了卻要哭，也就正是這個道理。

所以生活同讀書是分不開來的。一方面不要做書呆子，將腦袋裡裝滿著死書；一方面也不要空著腦袋過生活。讀書應當是生活的一種享樂，不是令人頭痛的工作。生活應當用書籍來陶冶，使它美化並充實。讀書，我們可以接近古今中外的良師益友；生活，我們才可以接受它們給予的恩惠。這樣將生活和讀書熔為一爐，我想英國詩人勃萊克所說：

「……A world in a grain of sand，
And a heaven in a wild flower……」
（一粒沙裡一個世界，一朵花裡一個天國。）

這境界我們有時候可以領略到。

謝謝諸位的耐心，費不少時間來聽這幾句很平常的話。

李霽野（1904～1997），安徽霍丘人。著名作家、翻譯家、教授。1925年就讀於燕京大學。後在輔仁大學、復旦大學、臺灣大學、南開大學等校任教。曾任天津市文化局局長、天津市文聯主席、天津市政協副主席。以翻譯蘇俄、英國作品著稱，如《簡愛》、《被侮辱與被損害的》、《史達林格勒》等。也創作詩歌、小說、散文、雜文，如雜文集《魯迅精神》、詩集《海河集》、小說集《影》。

書和讀書

馮至

讀書人與書的關係，不像人們想得那樣單純。有人買書成癖，琳瑯滿架，若是你問他，「這些書都讀過嗎？」他將難以回答。或者說，「哪裡能讀這麼多。」或者說，「先買下來，以備不時之需。」與此相反，有人身邊只有少量的幾本書，你問他，「近來讀些什麼？」他會毫不遲疑地回答，「讀的就是這幾本。」這兩種情況我都有過。前者是在當年的北平即現在的北京，後者是在戰爭時期的昆明。這正如在一個地方住久了的人，對那裡所有的特點失去敏感，經常注意不到，縱使有什麼名勝古蹟，總覺得隨時都能去看，結果往往始終沒有去過，倒不如短期來遊的旅客，到一個地方便探奇訪勝，仔細觀察，留下深刻的印象，甚至一生難忘。我在昆明，僅只有擺在肥皂木箱裡的幾十本書，聯大圖書館裡的書也很貧乏，若相信開卷有益，任意瀏覽，是不可能的。幸而清華大學帶來一部分圖書，外文書放在外文系的圖書室裡，都是比較好的版本，我經常借閱，這是我讀書的一個主要來源。其次是昆明為數不多的舊書店，裡邊好書也很少，但我在出賣用過的舊書時，也會偶然發現一、兩種稀奇或有用的書籍。此外，我在一九四二年三月，出乎意料在法律系辦公室裡看到幾十本德語文學書，這是法律系

教授費青在德國留學時買的，由此可見這位法學家讀書興趣的廣泛，也許是因為生活困難，他把這些書賣給學校了。書放在法律系，無人借閱，可能我是唯一的借閱者。總之，書很有限，而且得來不易，那麼，自己帶來的書，就翻來覆去地讀；借來的書要按期歸還，就迅速地讀；舊書店裡買來的書，就愛不釋手地讀。這樣，我讀書就不能隨意例覽，而要專心致志了。

前邊提到過，我從一九四一年春起始翻譯並注釋《歌德年譜》，從外文系圖書室借用四十卷本的《歌德全集》。這部《歌德全集》是德國科塔出版社為了紀念出版歌德著作一百週年於本世紀初期約請研究歌德的專家們編纂的，雖然有些過時，但還有學術上的權威性。那時我下午進城，次日早晨下課後上山，背包裡常裝著兩種東西，一是在菜市上買的菜蔬，一是幾本沉甸甸的《歌德全集》。我用完幾本，就掉換幾本，它們不僅幫助我注釋《歌德年譜》，也給我機會比較系統地閱讀歌德的作品，實際上也不能全讀，有時只查一查與年譜有關的地方，參照我隨身帶來的袖珍本《歌德書信日記選》、《歌德與愛克曼的談話》、《歌德談話選》等，解決了不少問題，也加深了我對於歌德的理解。而且外文系的圖書室不只有這部《歌德全集》，還有幾部研究歌德的專著，若是沒有這些書，我自從一九四三年以後發表的幾篇關於歌德的論文是寫不出來的。

至於法律系辦公室裡的德語文學書，我只看做是一個意外的發現，裡邊不是沒有好書，卻不是我當時迫切需要的，我借閱過幾次，是些什麼書我記不清了。

值得懷念的是青雲街的一個舊書店，它並沒有什麼珍本奇書，但我在那裡買了幾本書，對我很有意義。一九四二年三月十七日的日記：「賣舊書130元，買《聖經辭源》20元。」一九四三年六月二十六日的日記：「購《清六家詩鈔》。」這兩種書都是袖珍本，便於攜帶，至今還收藏在我的書櫥裡。《聖經辭源》可能人們認為是一種不值一顧的書，在米價一石超過千元的一九四二年，僅用二十元就能買到，幾乎等於白送。可是它對我很有用，這是一本《聖經》裡人名、地名、重要事件和辭彙的索引，並有較為詳細的解釋，用它查閱中文本《聖經》，非常方便。直到現在我還常常使用它。《清六家詩鈔》是日本印的清劉執玉編的清初六詩人宋琬、施閏章、王士幀、趙執信、朱彛尊、查慎行的詩選，線裝袖珍四冊，幾乎每首詩都有日本近藤元粹的眉批，前有近藤的序文，寫於明治四十年（1907），序文裡聲明他並不喜歡清詩，所以他的評語有褒有貶。我對於這六位詩人也不感興趣，不過看看日本學者怎樣評論他們，也不無意義。

在我購買《清六家詩鈔》的前兩天，我六月二十四日的日記寫道：「欲買杜少陵詩已售出，知為丁名楠購去。」二十五日的日記：「丁名楠持來杜少陵詩相讓，盛情可感。」這可能是我在二十四日以前就看到了杜少陵詩，由於袋裡的錢不夠沒有買，再去時書已賣出，當時遇到丁名楠的一位同學，他把丁名楠買去的事告訴了我，又把我沒有買到的事告訴丁名楠。在書籍非常缺乏的時期，丁名楠肯把剛買到的書讓給我，真是盛情可感，同時我也要感謝那位傳遞消息的好心人。丁名楠是聯大歷史系同學，現在是很有成就的歷史學者。

這部杜少陵詩是仇兆鼇的《杜少陵詩詳注》，合訂二冊，屬於商務印書館的「國學基本叢書」，不是什麼好版本。自從抗戰以來，我就喜讀杜詩，苦於身邊沒有杜甫的全集，如今得到這部平時很容易買到的仇注杜詩，我卻視如珍寶，我一首一首地反覆研讀，把詩的主題和人名、地名以及有關杜甫的事蹟分門別類記錄在前邊已經提到過的「學生選習學程單」的背面，這種「卡片」我累積了數百張。杜甫的詩和他的為人深深地感動我，我起始想給杜甫寫一部傳記，這時《歌德年譜》的注釋工作中斷已將及兩年了。

歌德的著作與杜甫的詩是我在昆明時期主要的讀物，讀得比較仔細，比較認真，我之所以能這樣，不是由於書多，而是由於書少的緣故。此外，我也以熱情和興趣讀我隨身帶來的陸游的詩、魯迅的雜文、丹麥思想家基爾克郭爾的日記、德國哲學家尼采的個別著作、奧地利詩人裡爾克的詩和書信。這些讀物對於我的寫作都有或多或少的影響。尤其是寫雜文，雖然針對現實，有時也需要從書本裡得到一些啟發，或是摘引一、兩句名言警句，給自己的文章增加點分量。

《十四行集》裡有三首詩分別呈獻給魯迅、杜甫和歌德，現在看來，這三首詩未能較好地體現出它們的偉大精神，我只是在當時認識的水平上向它們表達了崇敬的心情。而且這部詩集裡有些篇章，字裡行間也不難看出里爾克的影響。

陸游詩中有許多膾炙人口、廣泛流傳的名句，《示兒》一詩，在抗戰時期更為人所稱道。但是我最欽佩他《送芮國器司業》一詩：「往歲淮邊虜未歸，諸生合疏論危機。人才衰靡方當慮，士氣崢嶸未可非。萬事不如公論久，諸賢莫與眾心違。還朝此段應先及，豈獨遺經賴發揮。」這種政見，憂國憂民的杜甫不曾有過，輔佐魏瑪公爵的歌德也不曾有過。又如《西村醉歸》裡的詩句：「一生常恥為身謀」和「劍不虛施細碎仇」，都曾給我教育。

比較複雜的是基爾克郭爾和尼采。前者生活在歐洲十九世紀中葉，後者在十九世紀末期。他們在世時非常孤立，死後也是毀譽參半。他們透視資產階級社會的虛偽、欺騙和庸俗氣，如見肺肝，他們毫不容情的揭露與批判無不入木三分。可是他們目無群眾，把人民群眾跟資產階級社會混為一談，這是他們的致命傷。最後基爾克郭爾在丹麥成為眾矢之的，在哥本哈根街上散步時昏倒死去，尼采患神經錯亂與世長辭。我讀他們筆鋒銳利的論戰文字，時常想到魯迅在《墳》的〈題記〉和〈寫在（墳）後面〉裡的兩段話。魯迅說：「我的可惡有時自己也覺得，即如我的戒酒，吃魚肝油，以望延長我的生命，倒不盡是為了我的愛人，大半乃是為了我的敵人，……要在他的好世界上多留一些缺陷。」他還說：「先前也曾屢次聲明，就是要使所謂正人君子也者之流多不舒服幾天，……」我並不要把基爾克郭爾與尼采跟魯迅相比，甚至給人以替他們辯解的印象。他們的確給他們那時代的偽善者和鄉愿們的「好世界」多留下了一些缺陷，使他們的日子過得不那麼舒服。這是他們值得肯定的積極的方面。我看到社會上光怪陸離難以容忍的種種現象感到苦悶時，讀幾段他們的名言雋語，如飲甘醇，精神為之振奮。至於他們蔑視群眾、強調個人、自命非凡的方面，往往在我的興奮中被忽略了。記得在一九四一年秋，可能是參加一次歡迎老舍的聚會，會後晚了，不能回山，我和聞一多在這天夜裡住在靛花巷教員宿舍裡。我們過去並不熟識，只因他讀了我寫的一篇介紹基爾克郭爾〈對於時代的批

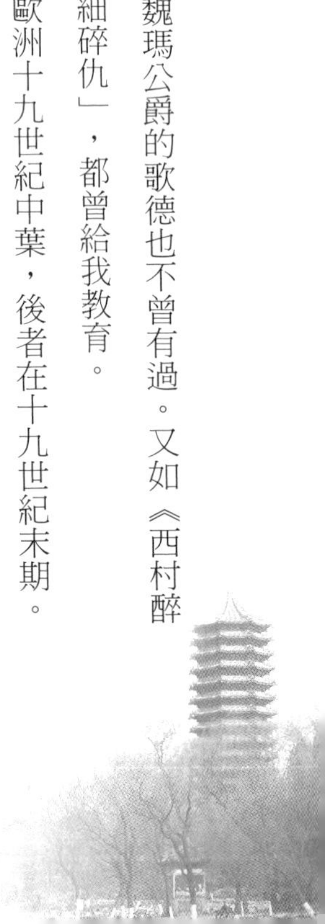

評〉的文章，甚為讚許，我們一直談到深夜。

我在昆明讀的書不多，那些書的作者卻對我說了些真心話，話的種類不同，有過時的老話，有具有現實意義的新話，有的給我以教育，有的給我以慰藉。如今我懷念和它們的交往，也跟懷念當年與朋友和同學們的交往沒有兩樣。

馮至（1905～1993），河北涿州人。著名文學家、詩人。1921年考入北京大學，開始發表詩作。參加創建「淺草社」和「沉鍾社」是中國新詩開創時期的主要詩人。德國留學歸來，執教於西南聯大和北京大學。曾任北京大學西語系主任、中國社會科學院外國文學研究所所長。有詩集《昨日之歌》、《西郊集》、《十年詩抄》，學術著作《論歌德》、《杜甫傳》等。

廣博與專精

傅振倫

問：傅先生，您是著名的歷史學家、考古學家、檔案專家，我們想請您和我們的讀者談談您的治學經驗。

答：我先說明一下，有人說我是歷史學家、考古學家、方志專家、陶瓷專家，這些都不太準確。最根本的，我想我應是一位愛國的歷史學者。我國是六大文明古國之一，我無時無刻不為此而感到驕傲和自豪。我進行歷史研究，從事考古、科技史、方志的研究，都是出於對祖國、對家鄉的熱愛。熱愛祖國，是我從事社會科學研究的精神力量。

問：談談您的經歷好嗎？

答：我六歲就學，啟蒙師遜清馮克己先生品學兼優，蜚聲鄉里，自以為迂拘不合時用，終其身以教育後生為己任。生平循規蹈矩、表率一方。嘗教以儒家修齊治平之道，一言一行深深刻印在我的腦海裡。我十歲那年，考入新河縣立高級小學。校長吳永培長於文史，治校嚴明。嘗以韓昌黎「業精於勤荒於嬉，行成於思毀於隨」之語訓示生徒，要求苦心學習，以為世用。國文教員宋德炳還教以文以載道，當推敲文義文理，要言簡意賅、奔放有致，切戒《二郎廟碑

記》式的陳詞濫調（相傳昔有士人撰此碑云：「吾鄉有二郎廟，建於三百年前，已曆五花甲，蓋由來久矣。夫二郎者，乃大郎之弟，三郎之兄而老郎之子也。廟前有樹五株，人皆曰樹在廟前，餘獨曰廟在樹後……」）。這些師長諄諄告誡之言，至今仍不敢忘。

之後，考入冀縣省立中學。校長楊廷桂亦治校嚴格之士，督導學生成為德、智、體三育俱佳的人才。之後，初試西沽（指北洋大學）備取，再考入北京大學預科甲部（理科），學習了英文、解析幾何、應用排列法則及運籌之術，培育了我的智力和細膩的思維能力。後來因故甲部不准我畢業，不得已轉入乙部（文、法科）留級學習。這樣我又學習了乙部特有的公民學、生物學大意、社會學大意，樹立了社會科學的基礎。尤其是文科基礎課目，對我文史修養有莫大的好處。例如「國學論著要集」課，選讀先秦以迄清代關於學術思想等論著，使我明白了歷代學術的系統及其變遷，附以批評，兼及訓詁、考證、校勘。「文論集要」課，選習了中國文學史上文章源流、體制及其作法等文章，瞭解到文學的傳授及流變系統，也選習了中國文學史上平實明辨的論議、記敘文品和詩歌，初步掌握了修辭謀篇等技術。「選文」課先授訓詁條例及字書利用等方法，再選授每個時代的代表作品，附以互相發明及不同的論點。「文法」課講述研究文法的目的及方法；次述文法與文字學、國語學、修辭學、論理學等關係。內容有定詞品及析句讀等例及詞品用法。句讀一章論述句的構造類別及析句的方式和古籍文句的異例，使我讀古典書籍能洞悉文義，不致模糊不清或曲解，以致屬辭成文，差免不當律令之譏。

在北大史學系讀書時，中國上古史教授象山陳漢章先生出俞曲園先生之門，教我以章學誠

「學於眾人，斯為聖人」之訓及其「方智圓神」之理（指史學記注與撰述之業。一見《文史通義·原道上》，一見《書教下》），加強了我向群眾學習和博採多識的意志。歷史系主任朱希祖教授出章太炎先生之門，不僅指導我在北大研究所國學門研究劉知幾《史通》，還啟發我從事於方志之學。陳垣先生有一次在中國史學名著選讀課堂上講：治學要有恆，要勤讀、勤問、勤動手。鄧之誠先生研究中國通史及筆記小說，嘗告以讀書要用葉子（以紙籤夾於書中所需資料處）的箚記之法。師友們這些治學之道。對我都大有啟迪，終生行之，收效不小。

在我的前輩導師中，袁同禮、馬衡、朱希祖、鄧之誠、徐鴻寶、倫明諸先生，對我循循誘導，教誨不倦。我走上研究目錄學、方志學、文物考古，都是受他們的啟示。諸位師長的道德品行，也是我們的好榜樣。

一九二九年夏，我從北大史學系畢業，受聘為北大研究所國學門考古學會助教，從馬衡教授研究金石考古，參加易縣燕下都發掘工作。其後，由於政局動盪，戰火不斷，我的工作也經常調動，很難安下心來，做專門的科研。直到解放以後，我任中國歷史博物館保管部主任，才算安定下來。一九五七年，錯劃為右派，兩次降職，由研究員降為助理員，一九五九年九月調到中華書局古代史組為編輯。粉碎「四人幫」以後，一九七九年又回到中國歷史博物館，直到一九八九年退休。

整體來說，師長的教導和啟發，對我一生有極大的幫助。只可惜我的興趣廣泛，對歷史、史學史、簡牘、文物、考古、博物館學、科技史、陶瓷史，都有興趣，下至民俗歌謠、世界

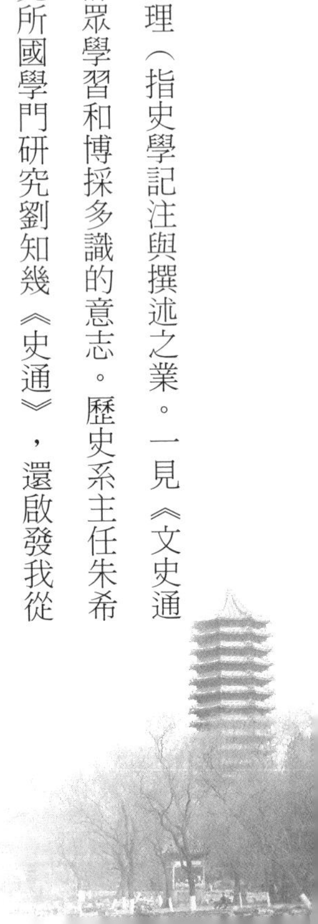

語、拳術也極愛好。因此，白頭而一無所專精，成就不大，以致辜負了師長的期望。

問：傅先生，您從事科學研究已經六十餘年了，在這六十多年中，您感受最深的又是什麼呢？

答：有兩句話，我感受最深。一句是「獨學而無友則孤陋而寡聞」；一句是「讀萬卷書，行萬里路」。這說明學習的方法應當多請教於良師益友，還要多多讀書，特別重要的是調查考察，深入實踐。我在北大讀書時，就力求遵循這些方法。每天課餘之暇，就在圖書館的日報、期刊、圖書等閱覽室看報看書，遇到有用資料就摘錄下來，偶有心得就寫下來。北大第二寄宿舍（在沙灘紅樓西，俗稱東齋）訂有京津滬等埠日報，月終歸號房工友售去分款。我畢業後有了薪水，就與號房約定，把這些舊報賣給我，我把有用資料剪下，其餘仍歸還他們。這樣，所寫日記及剪報資料積有四十餘冊。另外，我還親自訪求古蹟，必有所得。抗戰勝利後，經陝晉北上，旅途又在臨汾城內發掘宋代平陽窯址，得瓷片及窯具。這樣的讀書和實地考察，多少年來，我一直堅持著。它們對我的研究工作有著直接的幫助。還有一點也很重要，就是廣交益友。前些年我的身體尚好，在京的同學、師長，一個月總要拜訪一次。大家在一起縱情暢談，各抒己見，可以互相交流資訊，彌補各自聞見之不足，也可啟發思維，豐富知識，對於自己的學術水準的提高有很大促進作用。當然，這種聚會與那種閒聊空談是有根本區別的。

問：傅先生，您學識淵博，涉獵廣泛，在很多學科，您都是舉世公認的專家。您的這些成就，也令後輩學子仰慕。您能具體地介紹一下您治學的方法嗎？

答：我興趣廣泛，對各個不同的領域，都願意做些嘗試。我認為，儘管各個學科的內容不同，但各科成果的形成過程應該是一致的。即不外乎選題的確定，資料的搜集，資料的甄別，最後形成文字的東西。選題確定以後，最重要的就是搜集資料，這是整個研究的基礎。資料的搜集一定要博而真。博就是廣博，資料越多越好。宋代鄭樵在《通志．校讎略》中說：「求書之道有八：一曰即類以求；二曰旁類以求；三曰因地以求；四曰因家以求；五曰求之公；六曰求之私；七曰因人以求；八曰因代以求。」這就基本上為我們指明了史料搜集的大致範圍。但由於年代關係，有些史料可能在書本上難以找到，這又需要藉助於文物的考察和到民間去尋找。總之，資料的搜集方面要盡可能多，要不遺餘力。

資料搜集固然重要，但並不是搜集到的資料就是可以利用的資料，這還需要對所掌握的資料進行鑑別。這是一個艱苦而複雜的過程，需要運用多方面的知識。一般來講，資料出處越早，就越可靠。有些資料，是古人親眼目睹或親身經歷的，這樣的資料的運用當然不成問題。問題在於，同是古人的敘述，有的因為避諱而有意迴避某個問題，有很多史實，就是由於避諱而給後人造成麻煩。這就要求我們必須懂點避諱學。有些資料前人相互引用，有的是古人的誇張，這些都需要我們做認真的分析研究。陳垣先生在《校勘學釋例》中提出「四種校勘」方法，這對於校勘工作有很大幫助，也使我在資料的鑑別方面獲益匪淺。另外，同樣的史實，由於資料來源不同，又存在古今之分、官私之不同、中外之差異，這又要求我們用史料學的知識加以分辨。通過這些工作，可以對已掌握的資料進行去偽存真，進而獲得最確實可靠的資料，

為科研工作打下堅實的基礎。

與此同時，需要做的一項工作是對資料進行梳理編排。我以前一直用西洋人codium（枝幹）方法，將資料進行年代排列。這樣做的好處是可以使資料年代一目了然，可以按資料的先後順序不同進行推證。近年才學到用近人習用的卡片之法，同樣按圖索驥，方便快捷，不失為資料工作之良法。

這些工作完成以後，就可以使自己的觀點見諸筆端，一篇論文即可寫成了。

問：您在科學研究領域不斷耕耘，成就輝煌，累積了很多寶貴的經驗。您能給我們的讀者談談您的成功經驗嗎？

答：我一生受古代賢哲言行及良師益友等影響，勤學好問，謹嚴治學。有一特點，即愛惜光陰，善於安排利用，不敢浪費。以為為人不僅要節約人力、物力，尤其要節約時光，這也等於延長壽命。古人講勤能補拙，可見治學，「勤」字也很要緊。清人陸以湉《冷廬雜識》卷一「祕法」條說：生虱斷根，必須勤捉。所以，我讀書也非常重視「勤」字。「勤」含勤讀、勤問、勤寫等方面。我還以為，整理古籍或從事科研，當先以有用之學為主。我寫《孫臏兵法譯注》不僅以其有裨軍事，亦以其有助於經濟、政治、外交等方面。我研究瓷器史，不僅闡述祖國燦爛的文化藝術，同樣有關實業與民生。我研究方志，因為方志可以存史料，資治道，有裨實用，且可宣揚愛鄉愛國教育。科技是第一生產力，所以也從事研究祖國古代科技。

最後，我還想和青年朋友們說幾句。從事科研工作是一項很苦的差事。要有恆心、毅力，不要淺嚐輒止，不要半途而廢。治學既要有廣博而雄厚的基礎，更要由博返約，能精專一門，則對社會貢獻之大必能超越前人。希望在青年，我企足待之。

傅振倫（1906～1999），河北新河人。著名學者、歷史學家、考古學家、陶瓷專家。1929年北京大學史學系畢業。曾任中國歷史博物館終身研究員。中國地方史志協會、中國敦煌吐魯番學會顧問，中國博物館學會、中國考古學會、中國古陶瓷研究會等名譽理事。主要著作有《新河縣誌》、《中國方志學通論》、《中國史志論叢》、《博物館學概論》、《劉知幾年譜》、《中國史學概要》、《孫臏兵法譯注》、《明代瓷器工藝》等。

讀書有味趣忘老

謝興堯

知識分子離不開圖書雜誌，是書刊的主人，書刊是知識分子的資本，幫助他建功立業，互為之用，相輔相成。日積月累，數量增多，經常翻閱，難免損壞，久而久之，線裝書開線，平裝書脫皮。每架之上，新舊雜陳、長短不齊、五尺之樓，別無長物、環顧周圍，只是一大堆破爛，確乎是真正「寒齋」：如古「陋室」。有人給我上一尊號，稱為「破爛王」，我居之不怩，並做了四句順口溜：「圖書已滿架，破爛也稱王，開卷即有益，何必事輝煌。」

所謂破爛，有一部分屬歷史文物，大部分屬於研究的參考資料，每次搬家，常把一時用不著的圖書雜誌捆存起來，置於廊下。因為這些書刊本身都有一定價值，棄之可惜，留之麻煩，時間久了，沒有精力和時間去整理，任風吹日曬，總覺得肉爛了在鍋裡。事物的機遇無常，說不定有一天還要找它，如去年為尋找舊存的《說文解字》，就好不費事。近來要求美化環境，打掃衛生，不能不把捆存的書刊加以清理淘汰，在破爛中見有舊講義十數冊，還是六十年前之物，見之如對故人，無限感觸，都是在北京大學時期的課本，其中有陳寅恪講的史地，胡適之講的哲學，錢玄同講的音韻，章太炎講的《論語》等，這些舊講義、老課本，現在看來，雖不能視為文物；也足稱是孤本，回憶當年各名家的講習情況，亦有足述者。

我是一九二六年在沙灘紅樓上學唸書，一九三一年畢業，同時入「北京大學國學門研究所」進修。當時北大還是舊制，預科兩年，本科四年，預科分為甲、乙兩班，簡稱預甲、預乙，預甲將來入理科，以數、理、化打基礎，預乙將來入文科、法科，以國學、文學做根底。我讀預乙，主要課程有二，一是採取諸子百家的學說編為《國學概論》，一是摘錄《文心雕龍》、《文史通義》等書，編為《文論集要》。其他還有詩選、詞史等。選修科目有三理，即心理、倫理、論理，後來我入史學系。四年本科，學習文史哲方面的課程，隨著教授的專長，進入專題研究的範疇，現在所存的幾本舊講義，均屬於專題研究的性質。

陳寅恪先生講的《西北史地》，是典型的專題研究，他論述古代西北民族的發展、遷徙、混同的經過，由地理環境的變遷形成風俗習慣。他特別講到中國史書上的大夏及大月氏民族與中國的關係，在地理方面涉及到古印度、波斯、越南等地區。陳先生學通中西，他編寫講義的方法，除了引證中國古史外，旁及《西域記》、佛經諸書，對於當代中外學者的研究著述，亦予引證評論。於是，他把古今各方面的說法，加以綜合，有同意的讚許，有不同意的批判，他的講課比較專門精深，非一般初年級學生所能理解接受。

陳先生身體很弱，高度近視，秋風一起，便穿著厚重的大馬褂，坐著講書，有時反手在黑板上寫幾個字。開課時聽講的約三、四十人，滿滿一小屋人，逐漸慢慢地消失，到最後只剩六、七個人。其原因，一是他講話聲音很低，後面的人聽不見。二是他說話似江西口音，有些

人聽不懂。三是他所講的問題窄而深，如所講大夏、大月氏及突厥、吐魯番等，廣徵博引，聽起來好像雜亂無章，實則是圍繞一個主題，尋根究底，不細心、耐心聽，是不能理會的。他在清華大學，梁啟超先生講某一問題時，常對學生說你們去問陳先生，可見學者們對他的推崇。

胡適之先生講授中國哲學史，他編發的講義題為《中國中古思想史的提要》，他這份講義確實是提要，一共三十八貞（當時講義都可訂成線裝書），分十二講。他定的中古時代，是從秦始皇到宋真宗，約計一千兩百年。他認為中古時代的特色，是國家的統一，民族的同化，宗教的普遍。在時代上分為兩大段，第一階段是古代思想的混合與演變，第二階段是佛教思想的侵入。全書十二講中，前七講設齊學、道家、儒家。齊學包括陰陽家、神仙家、道家黃老派，多取材於《淮南子》、《呂氏春秋》及《禮記》、《漢書》等，這是他的卓見。談儒家經常要碰到今文學、古文學的問題，他說「漢代所出的經傳，只有先出後出的次第，並沒有兩個對立的學派」，並引王國維的說法，「秦用籀文，六國用古文，秦併天下統一文字，於是古文、籀文併廢」。他認為此說可信。他在講學中特別推崇王充，用一個講章的篇幅介紹，這是胡先生的思想、觀點和做學問的根源，王充《論衡》的思想核心，是「疾虛妄」。「論衡者，論之平也」，對於世俗流傳書籍，都要「訂其真偽，辨其虛實」，學問是證實後的知識。這正是胡先生實驗哲學的根本。胡先生常說的大膽假設，小心求證，假設是主觀的推測，求證是客觀的驗證，這是科學的。講義從第八章起用五講的篇幅專講佛教和禪學，過去的學者們談佛學的很多，真正看過佛經，懂得佛學的很少。胡先生因為講哲學史，必然要涉及佛學，他曾撰著過《佛教的禪法》及《禪學古史考》等，講義中採取了日本學者矢吹慶輝的論文及蔣維喬譯的《中國佛教史》，引證了中外大量參考書籍才做出佛教在中國的演變。看得出來，胡先生編著的這份講義，是費了大力氣，下了大功夫完成的，是一本傑作。

有一年我在北大第三院（在北河沿騎河摟，靠近東華門）聽胡先生做報告，兩個鐘頭下來，他穿的羽紗大褂，背全濕透，比之現在有電扇、空調等現代化設備，艱苦多了。

我畢業後，在國立北平大學文理學院教書，和胡先生做了近鄰，他住後門米糧庫四號，是一座兩層小洋樓，我住二號，每星期天上午順便到他家拜訪請教，總是高朋滿座，大都是各學校的教師和各機關的研究人員，客人們隨便接談，有學術上的爭論，有文化界的傳聞，純粹是一所毫無顧忌的群言堂。當時的梁任公和胡先生都開門迎賓，賢者胸懷博大，願意傾聽別人的意見。

所存講義中，有一本錢玄同先生的《文字學音篇》。這門功課不大容易學，不是深而是難。所謂訓詁之學、語言文字音韻，在過去是熱門，凡是做詩詞歌賦的人，先得懂音韻，現在恐怕將淪為絕學了。錢先生的講義分五章，第一章講紐與韻，講雙聲疊韻。古稱發音相同之字為「雙聲」，收音相同之字為「疊韻」。細究起來，古今字音不同，南北方言各異，後來統一為國音字典，較為簡單明瞭。第二章廣韻之紐韻，則是發音，有喉音、舌音、齒音、唇音等。發音又分清濁。第三章反切，即是拼音，如公字、古紅切，邦字、博江切，乃古人解決鄉音之用。在中古時代，有所謂「齊言」（即山東音）和「楚辭」（即湖南湖北音）之分，語言不

通，則以反切文字解達之，第四章三代古音，講陰聲、陽聲、入聲，而入聲最難。第五章注音字母，成為現代讀書的工具，講義從學理上說明。全書常引清人錢大昕及其老師章太炎、師兄黃侃（字季剛、太炎大弟子）的說法，在音韻學中，不失為一家之言，現在研究這門課的人，可能太少了。

錢先生精力充沛，聲音宏亮，說話有點口吃，在講臺上他常說還……還……還（讀如孩）有一個字。在教員休息室，其他先生下課後都有點疲倦，靜靜坐著，抽菸、喝茶，他還有餘熱高談闊論、聲震四壁。他常穿一套學生服，數年之間，我沒見他穿過長衫或西服。他離家住在孔德中學，有人說他很怪，獨自一人逛公園，不和別人打招呼。

大約在一九三〇年前後，北京大學等校迎請章太炎先生北來講學，我在北大參加聽講，由北京大學出版組用毛邊紙大字鉛印的講義，加以句讀，講題是《廣論語駢枝》。時先生已六十多歲，每次出臺穿著長袍馬褂，由四、五個人陪同，其中一人手持長城牌香菸一筒，但先生講書時，從未抽菸。長方形的大教室，坐滿聽眾，均係當時北京大專院校教師，先生年老，聲音不大，坐在中排、後排的即聽不見，先生余杭鄉音，即在前排亦聽不懂，由魏建功當助教，任翻譯。先生按《論語》二十篇次序講述，詳略不一，每次約講一、兩小時。先生講經，博大精深，總的精神概念，似與漢、宋兩代經學家對話商榷。在經書中許多方面因語言文字、制度禮儀、古今不同，不能理解的條款很多，經學家目的就在注釋經義，正如韓愈在《師說》中說的「師者所以傳道、授業，解惑也」。先生講的《鄉黨篇》最為精闢，原文是「康子饋藥、拜而受之，曰丘未達，不敢嘗」，注謂「受饋之禮，必先嘗而謝之，孔子未達其藥之故，不敢先嘗。」古今學者對這條多表質疑，因為古禮，凡朋友饋贈食物，必先嘗後謝，藥雖與食物不同，然而朋友送藥，總是善意關懷，絕不會是毒品，主人似不能說，我不明藥性，不敢亂服，只好拜而受之。章先生解釋達是打針，引《左傳》晉侯故事為證，按《春秋左傳》卷二六、成公十年，「公疾病，求醫於秦，秦伯使醫緩為之。醫至，曰疾不可為也，在肓之上、膏之下，攻之不可，達之不及，藥不至焉，不可為也」，章先生云：「達者針也，凡病，有先施針然後可用藥者，如傷寒論桂枝湯即其一例。孔子病未施針，故不敢嘗藥，針後自可嘗，故仍拜受不辭。」這一下就解釋通了。解經是注疏中一大難題，不能附會，不能曲解，必須說通，方能服人。講義中有兩處附太炎弟子錢玄同、吳承仕的案語補充，頗似春秋經傳。

我有幸趕上聽太炎先生講學，是很難得的機會，這本講義，散發不廣，六十年前的學習課本，現在覺得更應該保存。

以上這些講義內涵，現在看來或已過時，然而學術不能脫離時代，三〇年代的學術思想，一方面仍繼承乾嘉樸學的遺緒，另一方面則受西洋科學的影響，在研究問題和治學觀點上，提高到一個新的階段，擺脫了舊的範圍，引出了新的認知，逐漸形成了新風氣。這幾種講義，正代表了當時的學派思潮，以科學方法、辨章學術、考鏡源流，引起學術界極大重視，這是時代的進步帶動了學術思想的發展。

我在北大時，住理科宿舍「西齋」，在馬神廟西口內，離沙灘很近，每天到紅樓聽課，達

六年之久，而今老矣，常過其地，不免佇立徘徊，默計滄桑，上課鐘聲猶宏亮縈耳，感歲月已逝，愧學業無成，撫摩舊冊，緬懷前輩，往蹟如煙，曷勝惆悵。一九八二年山西人民出版社編輯《中國現代社會科學家傳略》屬我撰寫自傳，傳中附打油詩一首，抄錄於此，聊作尾聲。

一別紅樓五十秋　狂狷少年已白頭
學海深淵難探索　文物遺址擬追求
喜聞師友談今古　未將黑白逐時流
夕陽殘照雖雲晚　隱居蝸廬再自修

謝興堯（1906～2007），四川射洪人。著名學者，近代史學家。1926年考入北京大學史學系。曾任《逸經》雜誌和《新生報》文史週刊主編。建國後任《人民日報》社圖書館館長、中國社會科學院近代史研究所特約研究員。研究太平天國史卓有成就，著有《太平天國的社會政治思想》、《太平天國史事論叢》等，今編有《太平天國叢書》十三種刊行於世。

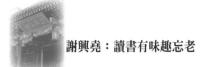

北平舊書肆

商鴻逵

我記得在《人間世》某期上讀過一篇〈書店〉覺得寫的很好，很在行，只是所寫多偏於上海新式書店，這截止到現在還不失為中國舊文化中心的北平城裡那些「舊書肆」，卻也蘊藏有不少「奧妙」，趁今閒暇也寫它一寫。

北平的舊書肆區，在老年，就我所知，有一廠二寺，廠即琉璃廠，它是具有幾百年歷史的，迄今未衰，「廠肆」二字在中國藏書史上，至少是免不了要提提的一個名詞吧！二寺即慈仁寺與隆福寺，慈仁寺（今名報國寺，在宣武門外）在清初頗興旺，順康人間筆記中常見述及，如今卻是連一些書影兒也沒有的了，隆福寺起初只是些書攤，每逢會期，趕來攤賣，現在發展的也不下二十家肆了，其中還有幾家規模夠大的。記得去年南方某書店來北平採購舊書，先到隆福寺，進入一家，驟睹琳瑯滿目，便挑選了些，又進一家，又買了些，頃刻用去數千元，後來又到琉璃廠，見藏書之多且十倍於隆福寺，未見大買，囊資已盡，遂讚嘆叫絕而返。

過去書中讀及廠肆等地方的很多，專記的有李文藻琉璃廠書肆記，繆荃孫後記，葉德輝買書行等，以繁不引，只葉氏書林清話上有幾句話：「吾官京曹時，士大夫猶有乾嘉餘韻，每於退值或休務日，群集於廠肆，至日斜多挾數破帙驅車而歸。」這種餘韻，今日猶有，什麼考究版本的鑑賞家，愛往舊書堆裡鑽的大學教授，附庸風雅的買書者，僑居我邦，研究所謂「漢學」的洋人等等，都算是廠肆的當期主顧。

書肆主人，以往都是江西金溪籍，兼有江浙籍，蓋皆南人也。到現在卻多換的別地方人了。這裡面怎樣一個衍遞，不甚了了，或謂，在先之南人，多為進京會試，名落孫山的舉子，赧顏歸裡，便思做生意，旁的生意不會做，只好賣書，唸書人賣書算最接近的一行了。可是，雖然做生意，究係「由儒而賈」，難免要帶點「酸狂氣」，對於奉承，自然差忒。偏巧一般買書的達官貴人又好「奉承」這個調調，純生意人於是便大得手了，主顧一到，裝菸倒茶，躬出揖入，一味周旋，再加上他們的「負苦耐勞」精神，漸漸便奪去江西人之席。就我所知，某書肆主人背包袱時，每串大宅第，常當人面從袋中取食黃粱窩，詢以故，則訴曰：「賣書能有多大賺頭？不得不吃這個！」如是，人憐其苦，便不與他爭值了。這套把戲，酸狂舉子，怎麼能扮得來！

說到做生意的方法，舊書肆與新書出版家又大不相同。新書是要拉些有名作家做後臺，舊書卻全靠採訪所得，大一些的書肆，差不多常年要派人到各省各縣去收買，性質頗近古董商，有時雖一無所得，有時可獲利無算，像那部哄傳一時的《金瓶梅詞話》，在山西來時才數十元，一轉手便賣了數百元，再轉到購主便千數百元了。

近年的刻板書價總都算漲，原刻或刻得精一點的都貴的了不得，宋元板不談，即小說、戲曲之類，一部《貫華堂水滸》就要五、六十元，《清暉閣牡丹亭還魂記》非百元莫辦。去冬我見著一部《十二律昆腔譜及京腔譜》想買，開口便索價四百，近年更有搜羅淫詞小說，兩本《舊刊肉蒲團》也值二十元了。

書價的漲落也看風頭，胡適之先生談了談「傳記文學」，談到汪輝祖的病榻《夢痕錄》，《夢痕錄》立刻漲價，林語堂先生表表袁中郎，《中郎集》又漲起。

縣誌近年價也大漲，大概是先有某國欲考察中國風土地理而採買，隨著我們也感覺這個重要而爭買，一部偏僻不經見的縣誌，論本頭也需一、二十元。前天一書賈向我說，要有一部《香河縣誌》（屬河北）能賣八十元。

「禁書」也了不得，載在禁書目錄的書，不消說是賣大價了，即現在還在禁的那部《清史稿》，原訂價百元，現售至四、五百元，書是不管好壞，一禁便貴。

傳抄作假，更是舊書肆的拿手活，遇到罕見的書，不管刻本、抄本，他們能用染製好了的舊樣絲欄紙謄寫上幾部，有時會當「傳抄未刻本」賣，一捆爛卷殘稿，他們能描改挖補，裝幀什襲，杜撰個名目，充「稿本」去騙賣。前年有書賈持一舊紙影印《玉臺新詠》，冒稱明刊到某圖書館求售，結果，居然被欺，用重價收下。

賣書還須有一種手腕，是攀交名流，要名流做甚呢？名流能介紹主顧，憑他一言，書既可留，價且多給，名流樂得接近他們，一來能藉著多見些好書，長長見識，二來，高明些的書賈，他那點「橫通」功夫，卻真也「頗有可以補博雅名」。

「流所不及者」（章實齋語）。原來舊書主顧，尤其好講究點「版片」的，常離不開這些；規模大些的圖書館，中或外，或中外組織的學術團體，少數有力的收藏家，這些，非是名流在那兒負責，也和他有關連，有友誼。

這般書賈的記憶力也特好，誰已有何書，誰尚闕何書，誰欲覓何書，誰不收何書，胸中都有個大概，他在收買時故早在留意，拿來時你也定會十九中肯。

截至今日止，舊書肆生意，總算不惡，不過，今而後，便不敢說了，圖書館以連續的收買，普通些的都有了，外邦人因金價跌落，搜羅之勇，也大不似從前，私人收藏家又越來越少——最歡迎的自然是私人收藏，因私人資財的持久無把握，子弟的優劣無把握，無論到哪個無把握時，書便會「流通」出來。圖書館藏書卻是「一入侯門深似海」，永遠不得再與「市」見，圖書館拍賣藏書，機會總少吧！這麼一來，所謂「珍惜」，能經過書肆人之手者日稀，生意也便日稀了。

一般新出版家的印刷舊書，也給打擊非小，有了印刷精版的，誰還肯買劣刻的，商務印書館印了各省通志，通志只好落價，中華書局影印了銅活字本古今圖書集成，誰還肯花五百元買那集成局兩羼紙的匾字本？

以我看來，舊書肆今後若想發展，還須另尋途徑。

商鴻逵（1907～1983），河北清苑人。現代著名學者。1932年入北京大學研究所國學門，學習文史，從事明清史研究。建國後任北京大學歷史系教授。曾負責《清會要》編纂工作。有《論康熙》、《賽金花本事》、《校桃花扇傳奇》等論著。

《讀書文萃》序

張岱年

書是人類認識的載體。有知識的人把所見所聞或所思所想記錄下來，便成為書。有價值的書是智慧的結晶。一個民族的精神文明，表現於這個民族的人民的精神生活中，也儲存於這個民族長期流傳的典籍書冊中。

我對於世界有所認識、對於人類的崇高理想有所瞭解，都得益於讀書。透過讀書，我認識到人除了衣、食、住、行的物質生活之外，還應有高尚的精神生活。透過讀書，我瞭解到自古以來許多志士仁人感人肺腑的光輝事蹟。

我幼年在家塾讀書，讀了《論語》、《孟子》，但只是誦讀而已，並不理解其中義蘊。十多歲閱讀宋代哲學家周敦頤、張載的著作才對於先秦儒家的精義深蘊有所瞭解。周敦頤在《通書》中說：「顏子一簞食，一瓢飲，一陋巷，人不堪其憂，回不改其樂。夫富貴人所愛也，顏子不愛不求而樂乎貧者，獨何心哉？天地間有至貴至愛可求而異乎彼者，見其大而忘其小焉爾。」又說：「天地間，至尊者道，至貴者德而矣。」又說：「君子以道充為貴，身安為富，故常泰無不足。而銖視軒冕、塵視金玉，其重無加焉爾！」周敦頤《通書》的這些話，闡述精神生活的崇高價值，可謂深切著明，我讀了深受啟發。

張載《正蒙》說：「恬者萬物之一源，非有我之得私也，惟大人為能盡其道，故立必俱立，知必周知，愛必兼愛，成不獨成。」顯示了博大胸懷，宏偉的抱負，使我對於《論語》所謂「己欲立而立人、己欲達而達人」有進一步的瞭解。

二〇年代末，我開始學習馬克思主義哲學，閱讀了馬克思《費爾巴哈論綱》、恩格斯《費爾巴哈論》、《反杜林論》、列寧《唯物論與經驗批判論》的中英譯本。早年的中譯本的譯筆不甚通暢，英譯本比較明晰。我讀這些著作感到豁然開朗，深受啟發。我以辨證唯物論的理論與西方近現代哲學思潮做了比較，認為辨證唯物論是現代最偉大的哲學。從此，我對唯物論深信不疑。

三〇年代初期，我廣泛閱讀了先秦諸子、漢唐哲學、宋明理學以及明清之際進步思想家王夫之、顏元等的著作。在深入探索的基礎上，撰寫了五十多萬字的《中國哲學大綱》。這是一部以問題為綱的中國哲學著作，書中對於自古以來的唯物論思想特別是王夫之的唯物論思想有較多的闡發。王夫之的哲學思想可謂博大精深，尤其他的堅苦卓絕的高尚志節令我深深感動。在《中國哲學大綱》中，我提出今後應該發揚王船山的哲學。

西方現代哲學家懷特海與羅素，都認為西方近代哲學乃是古希臘的哲學進一步的發展，認為古希臘哲學是近代西方哲學思想發展的泉源。我認為中國也有類似的情況，先秦諸子哲學乃是漢、唐、宋、明哲學思想發展的泉源。《論語》、《孟子》、《易傳》、《老子》、《莊子》、《荀子》的思想對於後世的思想的發展有深刻的啟迪作用。

多年以來，我從事中國哲學史的教學和研究工作。近年以來我更探索中國傳統文化的批判繼承問題，常常重溫《論語》、《孟子》、《老子》、《莊子》、《易傳》等書，感到先秦諸子學說確實含有深湛的智慧。舉例來說，我認為古代儒家關於人生價值的學說、道家關於宇宙本體的學說，至今猶能給人啟發。

學亦多術，其中一項是讀書，書是前人經驗的總結，前人思想的結晶。接受前人累積的知識，必須讀書。在思想史上，連提倡「六經注我」的陸象山也還說：「束書不讀，遊談無根」。做為學習的途徑之一，書是必須讀的。

讀書只是學之一術，學不限於讀書。孔子弟子子路已經說過：「何必讀書，然後為學？」讀書不是求知唯一途徑。求知之道很多，其中最基本的是向有知之人學習。這就是所謂學。學就是接受前人的經驗。但是僅僅簡單的接受還不行，必須加以消化，消化之道在於思考，這說是所謂思。思就是在接受別人的經驗並取得自己的經驗的基礎上加以分析綜合。學與思都是重要的。孔子有兩句名言，即：「學而不思則罔，思而不學則殆」。這雖然是兩千年前講的，在今日仍不失為一個基本原則。

書籍是思想文化的載體，每本書在內容上，必然會有其時代的侷限性。我們在讀書時，一方面要虛心體會，努力研求其中的深湛義蘊；另一方面還要有批評態度，要辨識前人思想的偏失。既要虛心，又要保持批評精神，才是正確的態度。只有在讀書時勤於思考，加以分析去粗取精，去偽存真。才能在前人已經達到的水平之上有所前進、有所創新。若盲目迷信典籍，缺乏批評精神，只能使思想陷於停滯，那是不足取的。

在讀書中堅持獨立思考，就要以對於實際情況的觀察、考察、調查為基礎，而觀察不可能是靜觀，離不開社會實踐，實踐是思考的主要基礎。在實踐中讀書，在讀書中思考，在思考中實踐，這是研究學問的必經之路。

讀書應選要擇精，選擇有代表性的典籍細讀。古往今來，書亦多矣，卷帙浩繁，蔚為大觀。清代乾隆時期編纂《四庫全書》其數目之多，汗牛充棟。有誰能遍讀四庫呢？閱盡中外書籍更難實現。即令讀盡天下所有的書，如無分析能力，也未必有益。

時至今日，唯讀中國的書是不夠的，還須兼通海外的著作。「言必稱希臘」，固然不足，對於西學無所瞭解，也難免固陋。尤其是研究學問，更必須兼通古今中外。明末思想家方以智說：「坐集千古之智」，引為幸事。當今世界，不但要集中中國的千古之智，更應集中外千古之智了。只講「坐集」，也還不夠，還須重視實踐，在實踐的基礎之上分析綜合，廣集中外的千古之智。

人在讀書時可以各從所好，但在研究學問時，則必須有謙虛的態度，應知自己在知識的海洋中只能涉足於一、二小小的角落而已。因此，研究學問，一方面要能獨立思考，不受古往今來任何成說的束縛，一方面要有謙虛的態度，承認自己學識寡淺。既要有創新的勇氣，又應自視歉然、深感自己的不足。唯其如此，才可能為人類的知識寶庫增添一、二晶瑩的真理顆粒。

張岱年：《讀書文萃》序

張岱年（1909～2004），河北獻縣人。著名哲學家。1933年畢業於北平師範大學。曾為北京大學哲學系教授、博士生導師，中國社會科學院哲學研究所兼職研究員、中國哲學史學會會長。寫有《中國哲學大綱》、《中國倫理思想發展規律的初步研究》、《中國唯物主義思想簡史》、《求真集》等專著。

中國友誼出版公司出版由鍾敬文先生、季羨林先生和鄧九平先生主編的《讀書文萃》叢書，所選有關當代文人讀書之作，精思健筆、心誠意雅、啟人神智、發人深思，相信讀者在閱讀中能得到理趣的享受。

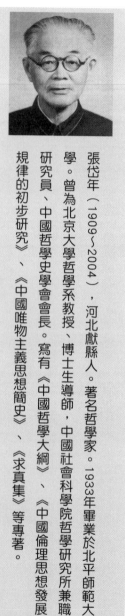

關於書

蕭乾

聽出版社的人說，近年來一部銷量可觀的書是精裝本的《莎士比亞全集》。再一打聽，原來買主大多是新婚夫婦，而用途則是裝飾新房。

最初聽了，當然很不是滋味。倘若莎翁在天有靈，對他的遺著在八〇年代的中國所走的這種鴻運，必然深感痛心。可是想起另外一些只追求多少條腿和幾大件的新婚夫婦來，又覺得這種雅興無可厚非了。

小時上學走過朱門，經常看到上面寫著「忠厚傳家久，詩書繼世長」的對聯，有的是逢年貼出來，更多的是紅底黑字漆上去的。

所以我從小就認定「詩書」是高尚的。人不讀書，就沒出息。大概我母親當年也是這麼認為的，所以她寧可出去為人傭工，也一定要我讀成書。我十來歲上母親去世，從此就寄養在一位堂兄家。國中還沒畢業，他逼迫我輟學去當郵遞員，我就同他崩了。

最早讀的書，往往是強迫性的。那就是上私塾時讀的《大學》、《中庸》。我後來又上了教會學校，因而除了「人、手、足、刀、尺」，還有《聖經》。現在談讀書，指的當然不是這

些，而是課外自選的，甚至是偷偷摸摸讀的。我頭一本接觸的這類書是《濟公傳》。那真是冒了挨板子的風險，放到書桌底下或藏在被窩裡讀的。我喜歡那位玩世不恭的和尚的仗義。也讚賞他的滑稽。

一九二六年，我同新文藝作品結下不解之緣。那年暑假，我考上了北新書局的練習生。白天，我做的是校對、打包等工作，還騎著自行車給印刷廠送稿，到作家（魯迅、冰心、周作人、徐祖正等）府上去取稿，或面送酬金。

我應當感激北新的老闆李小峰。那時他准許我下班後，晚上可以從門市部借幾本書帶回大興公寓去讀。我個人的讀書史就是從那時開始的。根本沒人指導，什麼《太平天國文件》、《吳稚暉文集》、《蘭生弟日記》，甚至《性史》，逮著什麼讀什麼。當然，在看魯迅和冰心早期作品的校樣時，我也一邊校對一邊讀了。

最早指導我系統地讀中外名著的，是楊振聲老師。他不但教我認真地讀了魯迅、郁達夫、蔣光慈、沈從文、茅盾、葉紹鈞的書，也把托爾斯泰、羅曼・羅蘭、屠格涅夫等介紹給我，他講課總是慢條斯理，井井有條。一邊講，一邊還在思索。而且他一向是先介紹作家生平和時代背景，然後才一本本地講作品內容。他的講課甚至使我對膠東口音也產生了特殊感情。

三〇年代初期的大學圖書館不但開架，而且開庫！暑假期間，我經常成天待在燕京、清華或北圖的書庫裡。那真可以說是徜徉於天堂。後來到了康橋，就更便利了。書庫裡，一排排書架盡頭，迎窗擺著一張張小書桌，桌與桌之間還隔著塊木板，以免互相干擾。書嘛，隨便從架子上揀。上午看不完，放在桌上，下午再看，甚至今天看不完，也可以擱在那裡，第二天接著看。

參觀一家圖書館，我首先要看它的卡片做法。七〇年代的一天，我去北圖查看一位英國小說家生平的資料。拉開卡片匣，裡面只插著一個分類卡：「文學」。天哪！那叫什麼圖書館。並不是西洋月亮特別圓，而是國外大學圖書館裡，不但分類細，交叉卡也多。你找一個作家的資料，不但有專書卡，並且還有交叉告訴你，某部文學史或個人文集中，也有關於這位作家的一章或一節。我們的圖書館如今也有了研究員，為了給讀者提供方便，希望盡多地做一些交叉卡。

有人問我生平最喜歡哪家食堂。我想了想，還是三〇年代北圖樓後身的那個食堂好，飯菜可口，有兩、三毛錢就能吃個飽。吃完就又回書庫去了。康橋的圖書館就缺這個設備。

在「文革」後期，我因懂點外文，被編入出版界的一個翻譯組。最初只是翻譯上邊指定的書，什麼《美國海軍史》、《第二次世界大戰史》之類。後來，主管給了我一個美差：調查國外新到的書中，有什麼值得一譯的。於是，經介紹，我就又進了北圖的書庫。那時梅紹武君負責國外大學新交換來的書，我每次去，必在他的架子上有所發現。另外，我還同科學院的圖書館也聯繫上了。我總是先把那些洋書粗粗瀏覽一下，然後選出「可能值得一讀」的書籍。他們每次准許我借上十本。好在我那輛自行車前頭有個筐子，後頭又有架子。我把它們帶回我那個用門洞改造成的斗室裡，就任情地捧讀起來。忘記了那時的風聲鶴唳，也忘記自己那牛鬼蛇神

身分。我寫的「審讀報告」，有的竟超出萬言。因為光寫評價還不夠，對於所建議翻譯的書，還得摘要介紹其內容。

「四人幫」倒臺之前，在外貿學院任教的友人姚念慶（已歿），曾約我去他的學校做一次講演。一九七七年，我又在商務印書館的業務會議上，就這項審書業務的經驗做過一次發言。當時，我已經重新被稱為「同志」了，商務還在所出《譯書消息》（第一期，1978年6月25日）上，把我的發言提綱刊登出來。那是一九五七年後，我第一回當眾那麼長篇大論在絮叨。最近偶然在廢紙堆中發現了它，今附在本文後，做為我在特定情況下的一點讀書經驗介紹。

生活中，大量的是泛泛之交，不可能人人都成為知音。能通宵達旦深談的總是極少數。書也是這樣。大多只是翻翻，有些從頭讀到尾，而能反覆精讀，百讀不厭的，畢竟也寥若晨星。

然而正如生活中不能沒有朋友，生活中也不能沒有書。那可是難以想像的悲慘境地。

書真是人類最忠實的朋友。它能使人插翅生翼，忽而飛向遠方，忽而回到古代，有時甚至把人帶到朦朧的未來。忙時，你盡可能冷落它，丟在一邊，它也不氣惱。但它隨時都準備給你快樂，尤其在你孤寂、痛苦或臥病在床時。我就是在國外病榻上接觸《好兵帥克》這本書的。它使我忘記了病痛，捧著那本書兀自笑個不停。於是，那個捷克丘八在我心目中就成了個洋濟癲。

我最早接觸的外國小說家是紐西蘭的曼殊斐爾（即曼斯菲爾德）。我是透過在北新當學徒的職業關係遇到她的。那時李小峰老闆派我去北大紅樓圖書館抄錄徐志摩譯的曼殊斐爾小說。

說來這應屬於「強迫性」的讀書。然而她那些悲惻感人的故事撥動了我幼小的心弦。我不時地隨抄隨嗚咽，淚水沾濕了面前的稿紙。至今我還保存著一九二七年李安宅兄送給我的那本英文原著：曼殊斐爾的《稚氣集》（倫敦康斯貼勃公司1924年版）。

我最懷念老北京的東安市場、隆福寺以及廠甸的舊書攤，正如我懷念康橋市中心廣場那家「大衛書攤」。懷念，是因為如今它們都已消失了。在東安市場買書，還要「鬥智」。書商一旦發現你看中了那本書。他必然要大大抬高價碼。於是就同時從架子上取下三、四本書，請他一一開價。這時就像壓寶一樣，他摸不清哪本是我真正看中的。等他一一報了價碼之後，我才說自己真正要買的那本。這種辦法初試很靈，後來他也不上當了。凡是我挑出的書，他一律都加了碼。

三〇年代我在上海編《大公報．文藝》時，收藏了足足一箱子作家的簽名本。八一三後，我費了九牛二虎之力才把它經香港帶到漢口。後來要隨楊振聲、沈從文二位先生去大西南，實在搬不動了。於是就寄存在法租界的好友劉德偉家，多天真啊！隨著戰火的蔓延，它們自然早已化為灰燼。

最後一次浩劫，當然是一九六六年的紅八月。從那以後，我對藏書再也打不起興致了。現在，我只求讓書能盡量派上用途。八〇年代兩次訪問新加坡，他們送了我四、五百本書，我都轉送給汕頭大學的臺港及海外華文文學研究中心了。近年來臺灣及香港友人陸續送我的上百種書，我也都轉送給與臺、港文學有關的刊物或出版社了。

有一種書我是捨不得送人的，那就是工具書，不管是辭典、字典還是百科全書。我把它們當作救火隊。成套的書，我也保持完整，不零拆。

三〇年代，曾掀起過一陣為青年開書單之風。西方文人也常喜公布自己生平所愛讀的書。其中我最欣賞托爾斯泰在一封信中所開列的。他是按一生不同時期開列的。分為：幼年至十四歲，十四至二十，二十至三十五，三十五至五十，五十至六十三歲（他寫這封信的時候）。每個時期所喜歡的書都不同，並且在每本書後面分別注上「了不起」、「十分偉大」一類評語。他小時候喜歡讀童話《小黑母雞》、青年時期愛讀的書中有席勒的《強盜》，入了中年喜讀雨果的《悲慘世界》和英國一些不見經傳的小說，晚年則喜讀《聖經》、孔孟之書（「非常偉大」）和佛經。

西方讀書界還經常請人開兩種書目，一種是「你認為世上最壞的書」，另一種是「假若你定居沙漠，隨身只准帶書六冊，你帶何書」。這實際上就是徵詢最壞及最佳之作。

世界上最早焚書的是秦始皇。西元六四〇年，埃及亞歷山大被阿拉伯的統帥峨瑪佔領後，也燒了二十萬冊。接著，一四九七年，義大利又由於改革家撒翁拿柔拉宣傳異教，而引起一次焚書，連但丁的《神曲》及薄伽丘的《十日談》也未能倖免。

本世紀六〇年代中期的「文革」，實際上也是一次「焚書」，數量也許打破了紀錄。

拿起一本書，我喜歡先看序跋，主要是為了預先知道作者的意圖。一般情形下，我不贊成請旁人寫序，因而對這種序讀來也總有些保留。序中往往是些空洞的褒嘉之詞。我平生只是處女作《籬下集》（1935）由商務印書館出版時，沈從文先生寫了一篇「題記」，現在已記不清是他主動寫的，或商務要求的，還是我請託的了。從那以後，我的任何一本書，都未再請人寫過序。我也一向怕人找我寫序。我總覺得一本書應當靠它自身的價值去與讀者見面。我本人寫的或翻譯的書大多印有自己的序跋——尤其是一九七九年以後重印的。我認為不管是創作還是翻譯，作者或譯者都有義務向讀者交代一下自己的初衷和意圖。譯者尤其有責任詳盡地向讀者交代一下原作者的生平、藝術觀點以及作品的時代背景，起碼要說明翻譯時的一些體會，為什麼要譯它。每當讀大厚本的譯作而不見譯者任何交代時，我就覺得很是遺憾，覺得譯者可能是不負責任地抓到什麼譯什麼。

儘管最近一個時期，由於主客觀原因，書市上出現了不少壞書，然而綜觀過去這十年，總的來看，這還是出版史上一個繁榮階段，尤其是出了一些有益的工具書及成套的叢書。希望出版事業在九〇年代能進入一個更茁壯、更健康、更繁榮的高潮。

蕭乾（1910～1999），北京人。現代著名作家、翻譯家。1935年畢業於燕京大學新聞系。曾任《人民中國》英文版副主編、《文藝報》主編、中央文史館館長、全國政協常委。著有《蕭乾選集》、《書評研究》、《這十年》等，翻譯《莎士比亞戲劇故事集》、《好兵帥克》、《尤利西斯》等。

我和書

季羨林

古今中外都有一些愛書如命的人。我願意加入這一行列。

書能給人知識，給人智慧，給人快樂，給人希望。但也能給人帶來麻煩，帶來災難。在「大革文化命」的年代裡，我就以收藏封資修大洋古書籍的罪名挨過批鬥。一九七六年地震的時候，也有人警告我，我坐擁書城，夜裡萬一有什麼情況，書城將會封鎖我的出路。

批鬥對我已成過眼雲煙，那種萬一的情況也沒有發生，我「死不悔改」，愛書如故，至今藏書已經發展到填滿了幾間房子。除自己購買以外，贈送的書籍越來越多。我究竟有多少書，自己也說不清楚。比較起來，大概是相當多的。從事抗震加固的一位工人師傅就曾多次對我說：這樣多的書，他過去沒有見過。學校領導對我額外加以照顧，我如今已經有了幾間真正的書窩，那種臥室、書齋、會客室三位一體的情況，那種「初極狹，才通人」的桃花源的情況，已經成為歷史陳蹟了。

有的年輕人看到我的書，瞪大了吃驚的眼睛問我：「這些書你都看過嗎？」我坦白承認，我只看過極少極少的一點。「那麼，你要這麼多書幹嘛呢？」這確實是難以回答的問題。我沒有研究過藏書心理學，三言兩語我說不清楚。我相信，古今中外愛書如命者也不一定都能說清楚。即使說出原因來，恐怕也是五花八門的吧！

真正進行科學研究，我自己的書是遠遠不夠的。也許我從事的這一行有點怪。我還沒有發現全國任何圖書館能滿足，哪怕是最低限度地滿足我的需要。有的題目有時候由於缺書，進行不下去，只好讓它擱淺。我抽屜裡面就積壓著不少這樣的擱淺的稿子。我有時候對朋友們開玩笑說：「做我們這一行，要想有一個滿意的圖書室簡直比搞四化還要難。全國國民收入翻兩番的時候，我們也未必真能翻身。」這絕非聳人聽聞之談，事實正是這樣。和我做的這一行有類似困難的，全國還有不少。這都怪我們過去底子太薄，解放後雖然做了不少工作，但是一時積重難返。我現在只有寄希望於未來，發呼籲於同行。我們大家共同努力，日積月累，將來總有一天會徹底改變目前這情況的。主人說：「前人種樹，後人乘涼。」讓我們大家都來當種樹人吧！

一九八五年七月八日晨

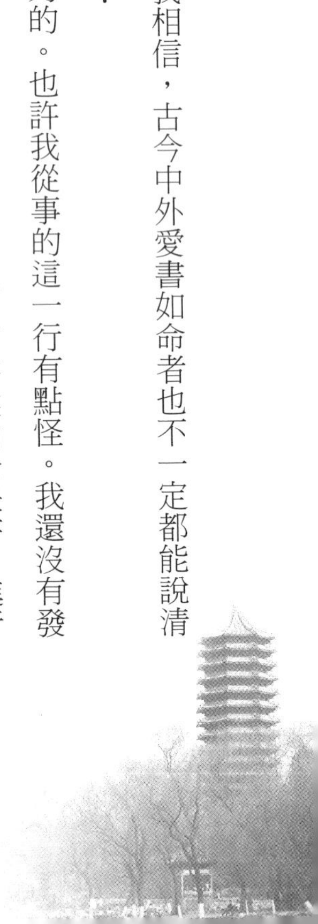

季羨林（1911~2009），山東清平人。1930年入清華大學西洋文學系，1935年留學德國，獲哲學博士學位。1946年回國，任北京大學東語系教授、系主任。譯有大量印度古代文學作品，如《沙恭達羅》、《五卷書》、《優哩婆濕》等。散文寫作，造詣極高，有散文集《朗潤集》、《天竺心影》和《季羨林選集》行世。

書緣

侯仁之

讀書人愛書，自是天經地義的事。在我的記憶中，由於讀書、愛書而結下的人間情誼，更是一種極為難得的因緣，是特別值得紀念的。因以「書緣」為題，寫下這篇小記。

教我愛書的，首先是我的母親。還記得在我初入小學時，母親就要我愛惜自己的書本，每冊書本，一定要包好書皮，並且不得在書本上亂寫亂畫。這就開始培養了我愛書的習慣。但是從愛書又為我引發了在人生道路上一種坎坷情誼的，卻是從我在國中一年級時偶爾閱讀了冰心的《超人》開始的。從這本富有寫實意味的新文學創作集中，我獲得了自己心靈上一種未曾有過的感受。我曾把它比做「一泓清流注入了我兒時生命的小溪」，又好像是「一陣清風吹開了我少年時期的心扉」。從此我開始熱衷於當時所謂新文學書刊的涉獵，並且養成了課外閱讀的習慣。高中三年我雖然選讀了「理科」，卻仍然保持著對新文學讀物的愛好。完全出乎意外的是這點愛好，對我投考大學又是十分有利的。當時（1932）我所在的潞河中學，可以保送學業成績達到一定標準的畢業生，參加燕京大學的特別入學考試，只考中文和英文兩門。我參加投考的那一次，是要到燕大校內去應試的。這次的英文試題，我已毫無印象。可是國文試題，

我卻終生難忘。我清楚記得前來考場命題的，是一位很年輕的女老師。她只要求寫作「白話文」和「文言文」各一篇，並隨手把白話文的題目〈雪夜〉和文言文的題目〈論文學革命與革命文學〉，寫在黑板上。稍等了一會兒，不見有問題，她就走了，另有人前來監考。事後我才知道，這次親來命題的，正是《超人》的作者冰心。而我自己對這兩個題目，也頗覺得心應手。結果也就比較順利地被錄取了，並且獲得了入學的獎學金。因此我就一直心許冰心就是我的「啟蒙老師」了。現在冰心師已是九十三歲高齡，我自己也已年逾古稀，而我對冰心師的情誼，自覺有增無減。特別是讀了她近年的寫作如〈我請求〉諸文之後，更是如此。最近北大附小的小同學們，在輔導員的組織領導下，有計畫地閱讀了冰心師的《再寄小讀者》之後，紛紛寫下了自己的心得體會。學校經過精選，要印一本專集，卻委託我去面請冰心師題寫書名。我欣然前往。冰心師毫不猶疑地答應下來，還立即取出最近剛出版的《冰心近作選》（舒乙、周明明編）送給我，然後鄭重地對我說：「那麼，你給起個書名吧！」我興之所至毫不猶豫地回答說：「就叫做《我的小讀者》不好嗎？」事後冰心師還是經過進一步的考慮，終於用墨筆寫下了《小讀者的迴響》這個書名。我看了之後十分高興，因為含意更加明確。同時我也殷切期待著在今天的「小讀者」中將會有新一代的作家學者成長起來。

當初我自己升學到燕大之後，以書為緣的人間際遇，真是一言難盡。但是在學業上對我影響最大的，莫過於洪煨蓮師。實際上還是在他的課堂教學之外，他的一部並非主要的著作，卻對我產生了他自己也意想不到的影響，這就是他的《勺園圖錄考》。按「勺園」原是晚明大書法家米萬鍾所親自設計的郊居別墅，並親自繪有《勺園修禊圖》畫卷，流傳人間。二〇年代初，燕大新闢校園於海澱，勺園故址適在其中。其後又以重價購得《勺園修禊圖》。煨蓮師遂將該畫卷及其作者的有關文獻資料，搜集殆盡，然後分類考訂，彙集成冊，連同複製的《勺園修禊圖》，刊行問世（1933年）。當時正是由於這部書的啟迪，我對整個校園的開發過程及其水道源流發生了興趣。以此為起點，我又進一步對北京西郊園林的興建與河湖水道的變遷，陸陸續續進行了一些實地考察。到了抗日戰爭初期，更擴大到有關北京城內水道演變的探討。結果終於寫成了一篇〈北平金水河考〉，並以此就教於煨蓮師。沒想到他竟寫給我如下的一段話：「〈北平金水河考〉已匆匆讀過一遍，得見創獲纍纍，胸中為之一快。一年有半以來此為第一次見獵心喜也。中間有尚宜斟酌者若干點，得暇當細為簽出，下次相見時，可就而討論之。」應該說這正是「以書為緣」凝結而成的一種師生之間的「深情厚誼」，是我所永遠不能忘懷的。現在煨蓮師謝世已十餘年，他的遺書中由我珍藏的一種，正是這部《勺園圖錄考》。

事有湊巧，當我正在考慮起草這篇短文時，北大「中國傳統文化研究中心」為創刊中的《國學研究》徵稿於我，並以〈跋《勺園修禊圖》〉命題，我不能辭，雖然我所能寫下的，也很難超出《勺園圖錄考》的範圍。

最後，我不能不講到「以書為緣」，在異國的同好中，也同樣是可以結交為良朋好友的。

且舉最近的一例於下。

一九八四年春，也就是中美兩國首都締結為友好城市的時候，我正應邀在美國康奈爾大學城市與區域規劃系，進行北京與華盛頓在城市規劃上的比較研究。該系瑞溥思（John Reps）教授是研究華盛頓城市建設的專家，承他以所著《傑出的華盛頓——首都中心部分的規劃設計及其發展》（1967）一書見贈，以此為主要參考，我得以比較順利地完成了《從北京到華盛頓——城市設計主題思想試探》的專題研究。此後不久，我所主編的《北京歷史地圖集》出版，立即寄他一部。他十分高興，不僅予以高度評價，而且他還和夫人共同手舉這部圖集，拍了一張照片寄給我。這就不僅是學術上的交流，而是已經深化為一種「情誼」上的表示了。更出乎我意料之外的是，他去年4月寫信告訴我說，他的一部新著《華盛頓的展視——1970年以來的首都》，將於十月出版，只因這部書太大，將由海運寄給我。他先期來信告訴我，因為這部大書寫明是獻給我和他的一位研究莫斯科城市建設的好友、莫斯科建築學院阿茲涅戈爾（Sergey Oznegor）教授的。我再三閱讀了這封來信之後，有一種難以言喻的喜悅，因為這無異是透過瑞博思教授這部新著，又進一步把三個各自熱愛自己首都的異邦學者，緊密地聯繫在一起了。

去年八月我出訪荷蘭和美國，經過預先聯繫，也就順便於11月中再訪康奈爾大學。又恰逢阿茲涅戈爾教授前來駐校講學，於是在一個簡短的儀式上，我們共同接受了瑞博思教授的這部新著。書內正文開始前的一整頁上，排行整齊地印著：

給我的朋友和同事
在北京和在莫斯科的
侯仁之和阿茲涅戈爾

這不正是「以書為緣」而締結的一種極為難得的人間情誼嗎？

侯仁之（1911～），山東恩縣人。著名學者、歷史地理學家。1936年畢業於燕京大學。後留學英國，獲哲學博士學位和榮譽科學博士學位。現任北京大學教授、博士生導師，中國科學院院士。曾任北京大學副教務長和地理系主任。著有《歷史地理學的理論與實踐》、《歷史上的北京城》和《步芳集》等。

盡信書，不如無書

何其芳

書幫助了我們，也害了我們。

這話又怎樣講？

詳細一點說，有的書，說了一些真話的書，幫助我們認識這個世界，推動我們走向人生之正途；而有的書，那些說假話的書，則使我們頭腦糊塗，眼睛不亮，做了許多傻事，走了許多冤枉路也。

說來話長。姑舉一例以明之。

有相當長一段時期我對拜倫沒有好感。其實我並沒有好好唸過他的詩，而卻有了成見，你說怪不怪呢？這完全是法國的有名的傳記作家兼資本家安德烈·莫洛亞的《拜倫傳》害了我的。莫洛亞先生的文章是滿輕鬆的，我讀了他的《雪萊傳》（即《愛麗兒》），就又去找他的《拜倫傳》來讀。那已經是一九三四年左右的事情了。現在還大約記得的，是他寫拜倫與其異母姐姐有戀愛關係，同居關係；而且他不斷地和這個女的好又接著和那個女的好；在義大利時，他過著很奢侈的生活，他一出遊後面就跟著載鱷魚、獵犬、女人的車子。總之把他寫得很荒淫的樣子。過去關於拜倫的一點知識抵抗不了這種影響，於是在我腦子裡他就成了一個單純的「唐璜」了。

一直到抗戰以後，讀了勃蘭兌斯的《十九世紀文學之主潮》中講拜倫的那一章，我腦子裡的拜倫才變成了另外一個人：才活生生地感到他是一個為自由與民主而戰的猛士，一個狂暴地震撼了英國當時的統治階層，因而受到壓制、迫害與誹謗的反叛者。而這正是他成為大詩人的主要原因。

愛倫堡有一篇文章，其中說到莫洛亞是個工廠的老闆，而他開舞會介紹他的小姐到社交界之奢華鋪張，光怪陸離，剛好說明他自己正是一個荒淫者。他之所以討厭拜倫，並把拜倫寫成一個討厭的人物，豈不就很容易理解了嗎？

盡信書，則不如無書。

孟夫子這句話有些道理。但是他這句話也不可盡信。問題在看是什麼樣的書：說假話的書抑是說真話的書。如何辨別這兩類書，與辨別真假都有的第三類書中的真話和假話，除了必要的知識之外，主要還是靠我們讀書時有一種思索的批評的態度。

何其芳：盡信書，不如無書

何其芳（1912～1977），四川萬縣人。1935年畢業於北京大學哲學系。在大學期間，和卞之琳、李廣田合出詩集《漢園集》，被稱為「漢園三詩人」。1938年到延安，在魯迅藝術學院任教。1944年到重慶任《新華日報》社副社長。建國後，任中國社會科學院文學研究所所長。有《何其芳文集》（1－6）、《何其芳散文選集》等行世。

談讀書和「格式塔」

金克木

現在人讀書有個問題：書越來越多，到底該怎麼讀？

漢代人東方朔吹噓他「三冬，文史足用」。唐代人杜甫自說「讀破書萬卷」。宋代以後的人就不大敢吹大氣了。因為印刷術普及，印書多，再加上手抄書，誰也不敢說讀全了。於是只好加以限制，分出「正經書」和「閒書」，「正經書」中又限制為經、史，甚至只有「九經、三史」要讀，其他書可多可少了。

現在我們的讀書負擔更不得了。不但要讀中國書，還要讀外國書，還有雜誌、報紙，即使請電子電腦代勞，我們只按終端電鈕望望螢光幕，恐怕也不行。一本一本讀也不行，不一本一本讀也不行。總而言之是讀不過來。光讀基本書也不行；數量少了，品質高了，又難懂，讀不快，而且只是打基礎不行，還得蓋樓房。怎麼辦？不說現代書，就說中國古書吧！等古籍整理出來不知何年何月，印出來的只怕會越多而不是越少，因為許多珍貴古籍和抄本都會印出來，而且古書要加上標點注釋和序跋之類，原來很薄的一本書會變成一本厚書。古書整體並沒有死亡，現在還在生長。好像數量有限，其實不然。《易經》、《老子》從漢墓裡挖出了不同本

子。《紅樓夢》從外國弄回來又一個抄本。難保不再出現殷墟、敦煌、吐魯番之類。少數民族有許多古書還原封未動，或口頭流傳。古書像出土文物，有增有減，現在是增的多減的少。也許理科的情況好些，不必再去讀阿基里德、哥白尼、牛頓的原著了，都已經現代化進了新書裡了；可是新書卻多得驚人，只怕比文科的還生長得快。其實無論文、理、法、工、農、醫哪一行，讀書都會覺得忙不過來吧？何況各學科的分解、交叉、滲透越來越不可捉摸，書也跟著生長。只管自己一個研究題目，其他書全不看，當然也可以，不過做為一個社會活動中的人若總是好像「套中人」，不無遺憾吧？

現在該怎麼讀書？這個問題只怕還沒到有方案要做可行性審議的時候。不過看來對這問題感到迫切的是成年人或者中年人。兒童和青少年自己未必有此感覺。他們讀書還多半靠別人引導。一到成年，便算一進大學吧！開始有人會感覺到了，也未必都那麼迫切。有幸進大學的人多半還忙於應付考試，其他人也忙於為各種目的而自學或就業，無暇也無心多讀書。老年人還有那麼大的好奇心和讀書興趣的怕不太多。讀書能力，至少是視力和記憶力，到老年也會大不如前了。所以書讀不過來的問題只怕主要是從二十幾歲到五、六十歲以知識為職業的人的煩惱。實際上，範圍恐怕還要小。從事某一專題研究的人未必都有此感覺。讀書無興趣的人也未必急著要讀書。所以真正說來，這問題只是少數敏感的大約二十歲到四十歲的人感到迫切。對這些人講讀基本典籍當然對不上口徑。這也許是有人想提倡讀基本書而未得到回應的原因之一吧？書賣得多的未必讀的人多，手不釋卷的人也許手中是武俠和偵探小說或者試題答案，嚷沒時間讀書的人說不定並不是急於讀書，所以不見得需要講什麼讀書方法和經驗，不過閒談幾句讀書似也無妨。

照我的想法，同是讀書人，讀同類的書，只講數量，十八歲的不會比八十歲讀得多。這不成問題，所以剛上大學不必為不如老教授書讀的多而著急：應當問的是：自己究竟超過了那位八十歲的老人在十八歲時的情況沒有？若是超過了或大致相等，就可放心；若是還不如，那就該著急了。不會件件不如，應當分析比較一下，再決定怎麼辦。讀書還不能只比數量，還得比品質，讀的什麼書，讀到了什麼。我想，教書的人，特別是教大學的人，應當要求十八歲的學生超過十八歲的自己，不應當要求學生比上現在的自己。我教過小學、中學、大學，每次總覺得學生有的地方比我強。這自然是我本來不行之故，卻也可供參考。我自己覺得有不如學生之處，也有勝過學生之處，要教的是後者，不是前者。也許這就是我多次教書都尚未被學生趕走之故吧？甚至還有兩、三次在講完課後學生忽然鼓掌使我大吃一驚的事，其實那課上講的並不是我有什麼獨到之處。由此我向學生學到了一點，讀書可以把書當作教師，只要取其所長，不要責其所短。當然有十幾年的情況要除外，正如有些書要除外一樣。

話說回來，二、三十歲的人如果想讀自己研究以外的書，如何在書海之中航行呢？我的航行是迷了路的，不能充當羅盤。我也不知道有沒有什麼訣竅。假如必須說點什麼，也許只好說，我覺得最好學會給書「看相」，最好還能兼有圖書館員和報館編輯的本領。這當然都是說的老話，不是指現在的情況。我很佩服這三種人的本領，深感當初若能學到舊社會中這三種人

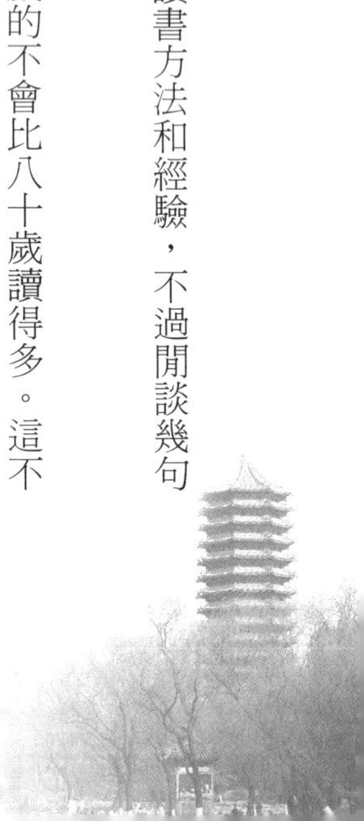

的本領，讀起書來可能效率高一點。其實這三樣也只是一種本領，用古話說就是「望氣術」。古人常說「夜觀天象」，或者說望見什麼地方有什麼「劍氣」，什麼人有什麼「才氣」之類，雖說是迷信，但也有個道理，就是一望而見其整體，發現整體的特點。用外國話說，也許可以算是一八九〇年奧國哲學家艾倫費爾斯（Ehrenfels）首先提出來，後來又為一些心理學家所接受並發展的「格式塔」（Gestalt完形）吧？二十世紀有不少哲學家和科學家探討這個望其整體的問題，不過不是都用這個術語。從本世紀初到現在世紀末，各門學術，又是分析，又是綜合，又是推理，又是實驗，現在彷彿有點殊途同歸，而且越來越科學化、數學化、哲學化了。這和技術發展是同步前進的。說不定到二十一世紀會像十九世紀那樣出現新局面，使人類的眼光更遠大而深刻，進而恢復自信，減少文化自殺和自尋毀滅。

從前「看相」的人常說人有一種「格局」。這和看「風水」類似。王充《論衡》有〈骨相〉篇，可見很古就有。這些迷信說法和人類學、地理學正像煉丹術和化學，占星術和天文學一樣，有巫術和科學的根本區別，卻又不是毫無關聯，一無是處。不論是人還是地，確實有一種「格局」（王充說的「骨法」）或說是結構、模式，不過從前人由此猜測吉凶禍福是方向錯了，結論不對。但不必因此否認人和物自有「格局」。

從前在圖書館工作的人沒有電子電腦等工具。甚至書目還是書本式，沒有變成一張張分立的卡片。書是放在架上，一眼望去可以看見很多書。因此不大不小的圖書館中的人能像藏書家那樣會「望氣」，一見紙墨、版型、字體便知版本新舊。不但能望出書的形式，還能望出書的性質，一直能望到書的價值高低。這在從前是熟能生巧之故。不過有些人注意了，可以練得出一點這種本事，有些人對書不想多瞭解，就不練這種本事。編書目的，看守書庫查找書的，管借書、還書的，都可能自己學得到，卻不是每人都必然學得到。對書和對人有點相似，有人會認人，有人不會。書也有點像字畫。

從前報館裡分工沒有現在這麼細，沒有這麼多欄目互相隔絕，也沒有這麼多人合管一個版面，更沒有電子電腦之類現代工具。那時的編輯「管得寬」，又要搶時間，要和別的報紙競爭，所以到夜半，發稿截止時間將到而大量新聞稿件正在蜂擁而來之時，真是緊張萬分。必須迅速判斷而且要胸有全局。一版或一欄（評論、專論）或一方面（副刊、專欄）或整個報紙（總編輯負責全部要看打樣），都不能事先印出、傳來傳去、集體討論、請示、批准，而要搶時間，要自己動手。不大不小的報紙的編輯和記者，除社外特約的以外，都不能只顧自己，不管其他，既要記住以前，又要想到以後，還要瞭解別家報紙，更要時時注意辨識社會和本報的風向。這些都有時間係數，很難有從容考慮仔細推敲的功夫，不能慢慢熬時間，當學徒。這和飯碗有關，不能掉以輕心。許多人由此練出了所謂「新聞眼」、「新聞嗅覺」、「編輯頭腦」。當校對也很不容易，要學會一眼望去錯別字彷彿自己跳出來。慢了，排字工人不耐煩；錯了，編輯會給臉色看。工資不多，地位不高，責任很重，非有本領不可。

以上說的都是舊社會的事。「看相」早已消滅了，圖書館和報館也不是手工業式了，人的能力很多都讓給機器了。可是讀書多半還是手工業式，集體朗誦也得各人自己聽，自己領會，

所以上面說的「望氣」本領至少現在對於讀書大概還有點用處。若能「望氣」而知書的「格局」，會看書的「相」，又能見書即知在哪一類中、哪一架格上，還具有一望而能迅速判斷其「新聞價值」的能力，那就可以有「略覽群書」的本領，因而也就可以「博覽群書」，不必一字一句讀下去，看到後頭忘了前頭，看完了對全書茫然不知要點，那樣花費時間了。據說諸葛亮讀書是「但觀大略」，不知是不是這樣。這也不見得稀奇，注意比較，注意「格局」，就可能做到。當然搜集資料、鑽研經典、應付考試都不能這樣。

其實以上說的這種「格式塔」知覺在嬰兒時期就開始了。辨別媽媽和爸爸的不同不是靠分析、綜合、推理而來，也不是單純條件反射。人人都有這種本領，不過很少人注意自己去鍛鍊並發展。科學家對此的解說還遠未完成，所以好像有點神祕，實際上平常得很。可惜現在圖書館不讓人人進書庫，書店不讓人人走到書架前自己翻閱，書攤子只賣報紙、雜誌、通俗書，報館不讓人人去實習，而且分工太細又互不通氣，時間性要求不強，缺少緊迫感，要練這種「略覽」又「博覽」的「望氣」功夫，比學武術和氣功還難。先練習看目錄，做提要當然可以，另外還有個補救辦法是把人代替書，在人多的地方練習觀察人。這類機會可多了。書和人是大有相似之處的。學學給人做新式「看相」，比較比較，不是為當小說家、戲劇家，為的是學讀書，把人當作書讀。這對人無害，於己有益。「一法通，百法通」，有可能自己練出一種「格式塔」感來。也許這是「宏觀」、「整體觀」的本領，用來讀書總是有益無害的吧？

我來不及再學這種讀書本領了，說出來「信不信由你」，至少是無害的吧？再重複一句：

這說的是「博覽」、「略覽」，不是說研究，只是做為自我教育的一個部分，不是「萬應讀書方」。

金克木（1912～2000），安徽壽縣人。現代作家、學者。早年做過教師、圖書館員、報社編輯等。後歷任北京大學、武漢大學、中國社會科學院南亞研究所教授。曾為九三學社中央常委。出版有《雨雪集》、《比較文學論集》、《印度文化論集》、《藝術科學叢談》，以及翻譯的印度文學、戲劇作品等。

圖書對我的教益

謝義炳

圖書是人類文明的一種標誌。怎樣對待圖書，因人而異。同一個人，對待圖書的態度，也因年齡、思想感情和文化修養的增長變化而有所不同。

我的國中是在一所大學的實驗學校唸的，應當說有幸處於具有一定文化水準的社會條件下。我不滿足於課堂教學的內容，寒暑假期間，求上大學和任助教的大朋友們帶我進入大學圖書館。我選讀了一些文學月刊、季刊，分期連載的「人猿泰山」、「福爾摩斯」等興趣型小說。

高中與大學時期功課繁重，進圖書館的主要目的，是找一個安靜的環境，複習消化或預習課堂講授的內容。偶爾進入書庫，也只翻閱一些有助於進一步消化課堂教學內容的書籍，做研究生和任教師後直到接近老年的期間，出入書庫次數多了，專業期刊翻閱多了。這三、四十年間，閱讀書籍主要是為了增強專業方面解決具體問題的能力，以求得在社會上有一個立足之地。

進入老年，回首往事，有許多迷惑不解之處，因而常想一些問題。例如：「假定能回到少年，從頭走人生之路，我將如何走？」、「半個多世紀過去了，自己哪些事做對了？哪些事正確與錯誤參半？哪些事完全錯了？」因此進入書庫經常翻閱有關歷史、社會的書籍。在閱讀專業文獻時也不僅限於瞭解其具體內容，還思索這些專業成果出現的歷史和社會背景。偶爾閱讀小說，也不僅限於追隨主角的思想感情，也想瞭解小說出現的社會歷史背景。讀《紅樓夢》如此，讀《簡愛自傳》也這樣，對於中西藝術和音樂的形成與演變也試圖將其與社會的歷史發展聯繫起來。總之，是試圖把人類整個文化的發展放在社會發展的歷史長河中來思索。

這樣，接近暮年，我才感到智慧之光稍稍地照耀了我這個糊塗人。我發現我最大的錯誤，是不瞭解人類社會及其歷史發展，沒有把自己自覺地擺在人類社會發展的歷史長河的正確位置。這是三門幹部的悲劇。舉個例子說，解放後，我投奔祖國，希望參與建設新中國的偉大任務。中華民族站起來了，前途無限光明。然而，對於國內外敵對勢力的頑固性估計不足。他們絕不甘心看到我們真正站起來。朝鮮戰爭的勝利與第一個五年計畫的順利完成，也使我們或多或少地低估了前進途中的艱難險阻。這就導致了近二十年中的一系列失誤。總之還是有進展的，但速度慢下來了。十一屆三中全會才糾正過來。「一個中心，兩基本點」的提出，又使我們快速前進了。成績是公認的，朋友們叫好，敵人們側目。

一九七八年以來，我曾參加過多次國際會議，訪問過不少國家，我發現西方真正科學家還是正直的。可是，其背後的科技組織者的立場卻是很明確的，態度也是咄咄逼人的。一個分支學科的國際會議只不過是一個小小的舞臺，卻與政府間談判的大舞臺一樣，也有霸權主義與反

霸權主義的鬥爭。

一位北大畢業的，我們本行的一位頗有成就的中年科學家，一九九〇年參加一次國際會議後，給我看了他寫的一首詩：

陋巷雌風壓語低，闊人高調與天齊，
科壇似欲容爭辯，政際分明尚競擠，
異國魂消難入夢，故鄉戈枕待鳴雞，
歸去同心埋首幹，會當盈尺得揚眉。

我讀後，也寫了一首詩：

漫道書生狂氣大，炎黃子孫幾代情，
願提龍泉三尺劍，叱咤風雷萬里行。

然而，我個人老矣，能做的事不多了，謹寄希望於當代中華青年。

謝義炳（1917～1995），湖南新田人。1940年清華大學地學系畢業，1949年獲美國芝加哥大學博士學位。1952年到北京大學擔任教授。曾任地球物理系主任、《氣象學報》主編。曾兼任中國科學院院士、國務院學位委員會學科評議組成員、中國氣象學會名譽理事長等職。

漫談我的所謂「做學問」和寫文章

吳小如

我一生只做過兩種工作。一是教書。從一九四三到四六年在中學教語文，一九四七到一九四八年教家館（當時是兼操副業），一九四九年到一九八〇年一直在大學中文系。二是當編輯。那是在一九四八年，由於混幾個編輯費，便由沈從文師介紹給一家報紙編了不足一年的文學副刊。雖屬業餘性質，總算是另一種工作。今後如果更換職業，我也只想離開高等學府去當編輯。至於學寫文章，則從一九三四年即開始試著給報刊投稿，比教書早了近十年。

我最初的夢是當作家。後來知難而退，改鑽故紙堆。一度也試圖做翻譯，無奈外文過不了關，解放後又多年不動，就更不敢問津了。不過想當作家和想做翻譯卻使我養成愛雜覽的習慣，因為當時並不懂得生活才是創作的泉源，而是迷信「讀書破萬卷，下筆如有神」的。即以小說這一門而言，始而是愛看故事，後來便由於想當小說作家而來看小說了。從上小學時我就愛讀《三國》、《水滸》、《說唐》、《七俠五義》以及《施公案》之類，後來便擴充到神魔小說、譴責小說、武俠小說、偵探小說，甚至於新、老鴛鴦蝴蝶派的作品。與此同時，我也學著寫過章回體、志怪傳奇體的小說。進了國中，開始讀魯迅、茅盾、老舍、冰心等大師五四以

來的作品，後來就拼命吞噬翻譯小說（也讀過一部分英文原著和英譯本小說）。當然，我寫的東西也由「話說」、「某生者」改成帶洋味的短篇了。儘管「寫」的夢早已消失，但讀小說的習慣卻一直未改。粉碎「四人幫」後，情不自禁地對當代作品發生了興趣，這也是風氣使然吧！至於其他書籍，盡可依此類推，恕不自我標榜了。

做學問誠然必須讀書，而讀書卻不等於做學問。直到一九三八年入高中，開始聽朱經佘老師講語文課，這才算沾上「學術」的邊兒。朱老師從《詩經》、《楚辭》講起，然後是先秦諸子，《左傳》、《國策》、《史記》、《漢書》。我在課堂上知道了康有為、梁啟超、胡適、錢玄同、顧頡剛、羅根澤這些學者的著作和觀點，進而也知道治《詩經》有姚際恆、方玉潤，治《左傳》要看《新學偽經考》和《劉向歆父子年譜》，讀先秦諸子要看《先秦諸子系年考辯》和《古史辯》，以及什麼是經學上的今、古文，史學上的「六家」與「二體」等等。一九三九年天津大水，我侍先祖母避居北京，每天無事，便鑽進北京圖書館手抄了大量有關《詩經》的資料。到四〇年代，又因讀程樹德的《論語集釋》而勤搜有關「四書」的著作。考入北大中文系後，先後從俞平伯師受杜詩、周邦彥詞，從游澤承（國恩）師受《楚辭》，從廢名（馮文炳）師受陶詩、庾子山賦，從周燕孫（祖謨）師受《爾雅》，從吳曉鈴師受戲曲史。每聽一門課，便涉獵某一類專書。這就使我擴大了學術視野。於是我沾沾自喜，以為也在「做學問」了。但這時還未完全甘心放棄筆桿子，時而寫點文章求沈從文師指正。自一九四九年入大學教書，這才閉口不談創作，一心妄想擠進學者行列，分享「學術」的一杯羹了。

從所謂「做學問」這方面看，我受三位老師的影響最深。第一位就是前面說過的朱經佘老師。第二位是俞平伯先生。俞老無論是治經、史、詩、詞，還是研究《紅樓夢》，始終是從原始資料出發，經過獨立思考，在具體問題上時出新見和勝解。俞老所走的正是他曾祖曲園先生所開創的一條治學途徑。而我在從俞老受業時因之也學會了如何有根有據地開動腦筋。有一次我曾請教俞老：怎樣才能把一篇作品中典故的出處注釋確切、講解清楚？俞老說：「查典故出處首先要求熟讀作品。比如注唐詩，最好唐以前的書你都能熟讀。但這顯然不可能。那麼，至少你必須把所要注的那個作品熟讀。然後你只要遇到有關資料，立即會想到那篇作品，進而可以隨時隨地加以搜輯，自然就得心應手了。」從此，每當我想搞通某一篇作品時，便首先把它記熟，使之寢饋在念；然後再去廣泛搜集資料，庶幾一觸即發。第三位是逝世已逾兩年的游國恩先生。為了悼念游老，今年夏天我寫過一篇回憶文章，裡面談到游老怎樣治學問和帶徒弟。現在我把它摘抄下來，以供參考。因為其中不僅有游老本人的經驗，也包括了我自己的點滴體會：

游老治學的方法和途徑，照我個人的體會是：首先盡量述而不作，其次以述為作，最後水到渠成，創為新解；而這些新解卻是在祖述前人的深厚基礎上開花結果的。因此，本固根深，枝榮葉茂，既不會風一吹就倒，更不是曇花一現，昨是今非。所謂述而不作，就是指研究一個

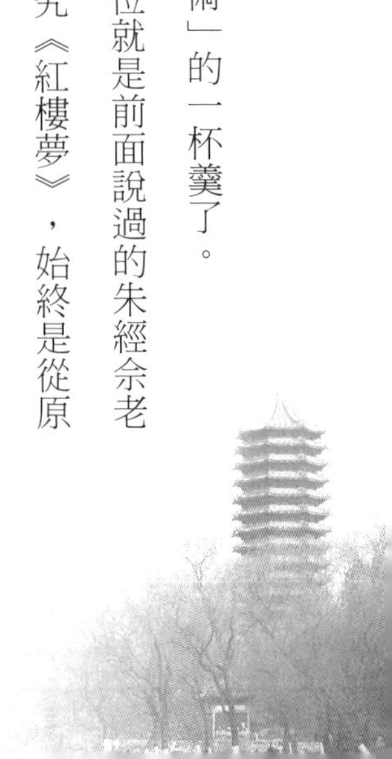

問題、一個作家、一篇作品或一部著作，首先掌握盡可能找到的一切資料。不厭其多，力求其全。這是第一步。但資料到手，並非萬事大吉，還要加以抉擇鑑別，力求去偽存真，汰粗留精，刪繁就簡，愜心貴當，對前人的成果進行衡量取捨。這就是以述為作。如果步前賢之踵武而猶不能達到解決問題的目的，就要根據自己的學識與經驗，加以分析研究，最後得出自己的結論，這就成為個人的創見新解。游老畢生孜孜不倦地致力而終於未竟其業的《楚辭長編》，是最能體現這個精神的……。

我在游老主導下，編注了先秦、兩漢兩本分量較重的文學史參考資料。這實際上是游老在把著手教徒弟。……我透過這一工作，深感游老帶徒弟的辦法是很科學的。歸納為一句話，即嚴格要求與放手使用相結合。工作開始時，從選目、體例以及注釋中應注意的事項，游老無一不交代得有條不紊。一部分初稿寫成，游老仔細批改，連一個標點也不放過。等到我摸熟門徑，並表示有信心和決心完成任務時，游老就鄭重宣布：「以後由你自己放手去做吧！該怎麼做就怎麼做，不必事事請示，我也不再篇篇審閱了。」這就最大限度地調動了我的積極性，進而發揮了主觀能動性，使我也勇於動腦筋了。……總之，游老對我是既抓得緊又放得開，既關心又信任，使我這負責具體工作的人既培養了獨立工作的能力，又體會到做學問的甘苦，既勇於承擔重任，又時時不忘游老所指出的方向……。

當然，除這三位老師之外，五十年來，從我上小學直到今天，凡是我接觸到的師、友和我教過的青年同學，有不少人都曾給我啟發和影響，有很多值得我學習的長處。這裡就不一一絮表了。

說到寫文章，我格外感到慚愧。蕭伯納有句名言：「能者幹，不能者教。」我之從夢想當作家而終於變成搖唇鼓舌的教書匠，正說明我是一個無能之輩。十幾歲時，我學過作桐城派古文，後來試作駢文不成，才改為摹擬魏晉六朝筆記體，即以《世說新語》為範本，力求文字簡潔，不用虛詞。結果卻使文字失去了光澤，有點像清人寫注疏，但又只見其乾枯而無其縝密。至於寫白話文，始而學老舍，學周作人，繼而學沈從文的《湘行散記》，學何其芳的《畫夢錄》。結果學成了四不像：學老舍而失其風趣，成了貧嘴貼舌，學周作人而失其蘊籍，成了文白夾雜，學沈從文而失之艱澀；學何其芳而失之堆砌。記得在中學作文，有一次老師加的批語是：「文章頗像林語堂的『論語』體，油腔滑調。」這使我大吃一驚。從此大加收斂，力求橫平豎直，再也不敢故弄玄虛，裝腔作勢。所以我一度曾專門師法朱自清、葉聖陶、豐子愷等先生的文章，盡量做到不求有功，但求無過。只是由於太愛見異思遷，淺嚐輒止，不肯痛下苦功，終於沒有把文章寫成氣候。全國解放以後，文風似乎趨向整齊劃一，無論寫長篇大論或雜文小品，彷彿都存在一種固定的不成文的模式，當然我也如法炮製，並不例外。有時為了想避開這種框框，寧可用淺近文言來寫三言兩語的箚記和隨筆，看似開倒車，其實我原是另有考量的。

說到寫學術論文或讀書箚記，我目前只抱定兩條宗旨：一是沒有自己的一得之見絕不下筆。哪怕這一看法只與前人相去一間，卻畢竟是自己的點滴心得，而非人云亦云的炒冷飯。否則寧缺毋濫，絕不湊數或湊趣。二是一定抱著老老實實的態度，不譁眾取寵，不見風轉舵，不稗販前人舊說，不偷懶用第二手資料。文章寫成，不僅要言之成理，首先須持之有故。要自信，卻不可自命不凡；要虛心，卻不該心虛膽怯。因為只有昧著良心寫文章的人才會心虛膽怯的。

（一九八〇年國慶節寫於京西中關村）

吳小如（1922～），安徽涇縣人。著名學者、語言學家。曾就讀於北京大學中文系。曾為北京大學教授、博士生導師。著述繁富，有《中國小說講話及其他》、《古典詩文述略》、《讀書叢箚》、《京劇老生流派綜說》、《臺下人語》等，並譯有《巴爾扎克傳》。

書蟲

陳丹晨

從前，中國人俗稱士、秀才、知識分子一流為「讀書人」，顧名思義，強調人與書的關係，也就是說，這種人的知識、本事、職能，以及日常生活方式都與書有關；或者說，這種人的特點、長處就是讀書。

這種稱呼既然相傳已久，也就不必去考證這樣解釋是否得當。但是，一般來說，知識分子與書的關係確實密切到了難分難解的地步。特別是從事社會科學的學者或多或少總有藏書若干，至少，這是他的生產資料、生產工具。於是，埋首讀書的人在過去年代就被譏為埋在故紙堆裡出不來，或索性稱為書呆子、書蟲、蟲蠹。他們有了收入，常常都花在書店裡，用於購書。即使不買書，也常流連書店，駐足不去。老一輩作家、學者中，有很多是某些書店的老主顧，因此還有與書店老闆成了親密朋友的。老闆知道他需要哪方面書，一旦搜羅得來就會送去。

劉半農曾有文記載他購買金聖嘆七十一回本《水滸》的過程就是一例。他說，他在近二十年中，到處尋訪，夢寐以求，想買一部貫華堂原版《水滸》，即使買不到，就是看看，開開眼

界也好。一九三三年，北京琉璃廠松筠閣書店老闆終於為他找到一部完整的，使他如願以償，高興非凡。他說：「在去年上半年平津大局（指日寇武裝侵犯華北，危及北平、天津）如此凶險之中，若說我個人還能有什麼賞心快意的事，亦許就只是這一件吧！」可見此事在他生活中有多麼重要了。後來劉半農的同事，北大教授傅斯年聞訊，急得跳起來，一把抓住劉半農要他讓給他；又去找松筠閣老闆糾纏責難：為什麼有了好書，不賣給我賣給了他！

這當然都是書呆子的癡人呆話。但是書呆子嗜書若命，藏書成癖，卻頗有人在。

前年故去的唐弢先生就是近人中藏書極豐的一位。他主要收藏現代文學書刊。六○年代初，他從上海遷到北京定居，曾在東城無量大人胡同的一所四合院住過。我去訪見他，也去他的藏書室參觀過。那間屋與圖書館的書庫無異，不僅環牆都是放滿了書的書架，而且屋中央也都是排列成行滿載著書籍的書架，人只能在書林中側身穿行。後來，他遷到永安裡寓所後，就沒有那麼寬敞的地方了。我曾問過他：這麼多的書怎麼辦？他兩手一攤，無奈地哈哈一笑說：「沒辦法……都堆在那裡呢！」他指指另一間小屋。

書多了，且又還不斷在增添新書，於是就有書滿之患。在住所的多間居室裡，最雜亂的就數書房。這固然也是文人的通病，但在我認識的師友中，書房最亂的還數蕭乾先生。他住在永定門外時我去過。那時居住簡陋，雜亂自不必說。後來遷到木樨地新居後，雜亂依然。我注意到他的書房裡多增加了一個暗紅色的羅馬尼亞組合櫃。可以毫不誇張地說，他的書房裡所有櫃子、桌子的櫃門、抽屜大多都是雖設而常「開」，顯然是使用得太頻繁之故。書房的每寸地板，每件家具上都是書、文具、紙張等等，都是不規則的，很散漫的、很隨意的，倚躺在一處又一處。但是，如果你和蕭乾先生談天，說到某件事、某本書，他馬上信手就可以從某個地方、某個櫃子、某個抽屜、某本書裡，毫不費力地找出來。

據我所知，許多人把這樣雜亂的書房視為禁地，不許家裡人插手打掃、揩拭、整理。別人說：這麼太亂了，他會說：「我自己知道，你們一整理，就亂了，我就找不到了。」這大概也是呆子的一種呆話。

但是，不能否認，書蟲們就在這裡遨遊世界，思考過去和未來，尋找人生的真諦，寄託和排遣感情悲歡的波瀾……他擁有一片屬於他自己的虛幻的寶藏，特別是在商業化社會環境裡，別人盡可以不看重，甚至引為癡呆，但卻是他人難以分享的。

香港已故作家葉靈鳳先生也是一位著名的藏書家，他曾非常動人地描寫過他坐擁書城時那份情趣和境界：

對於人間不能盡然忘懷的我，每當到了無可奈何的時候，我便將自己深鎖在這間冷靜的書齋中，這間用自己心血所築成的避難所……在這時候，書籍對於我，便成為唯一的無言的伴侶。他任我從他的蘊藏中搜尋我的歡笑，搜尋我的哀愁……我不僅能忘去了我自己，而且更能獲得了我自己。

於是，我竭誠地向那些正在人慾橫流的大海裡掙扎的人們，向那些流連歌臺舞榭、卡拉OK的青年朋友們，以及被「下海」浪潮衝擊得煩躁不安的知識界同仁進言，何不試一試葉靈鳳

先生那種寂寞的方式，也許從中將得到一絲異樣的情趣和解脫，也未可知哪！

陳丹晨（1931～）原名陳安康。浙江寧波人。文學評論家。1960年畢業於北京大學中文系。曾任《中國文學》雜誌編委、《光明日報》文學副刊主編、《文藝報》副主編。中國文藝理論學會常務理事。著有《巴金評傳》、《陳丹晨文學評論選》、《亞里士多德的故事》、《雪泥鴻爪》等。

回顧往昔談讀書

金開誠

我讀書不多，卻多次要寫談論讀書的文章，實在不好意思。特別是讀書的方法，每人都大致只有一種，談一次還可以；談兩次就不免重複，談多次則必然使人厭煩而不屑一顧了。不過這只是作者的苦衷，編書人則另有其新的思路與角度，為此而再三約稿，終於使人感到若再堅拒便不合情理，只得拿起筆來勉為其難。

由於我從大學畢業以後，基本上是工作要求決定了我讀什麼書及如何讀書，因此本文的大部分內容只能結合著工作經歷來寫。

一

我在中小學期間讀的書，與同年齡人相比也許是較多的，內容也很龐雜。因為純粹是從興趣出發，所以讀得頗為瀟灑。我記得在中學裡，學校在教學上要求頗嚴，作業不少，還堅持週考。便不知為何仍比現在的中學生輕鬆得多，盡有時間可讀「閒書」。

由於「閒書」這個觀念很深，所以我從來對中小學時期讀的書評價不高，以為這無關學

問。直到近年來我才發現，那時讀的書刊及汲取的各種知識還是相當有用的。這主要因為那時記憶力好，讀書雖不能說過目不忘，卻是印象較深，到如今仍往往可以成為信手拈來的寫作題材。為此我近來寫過兩篇談論背書的文章，主張人在幼年要發揮記憶力強的優勢，盡可能多背點書或多記住一些知識。

此外，在幼年讀書期間，有一件事也還值得一提。大約五十年前，有一次我聽兩位老中醫談人類用什麼器官想問題。其中一位認為人是用頭腦想問題的，所以碰到難題就用手抱著腦袋或拍拍腦袋；另一位則堅持古訓「心之官則思」，並認為外國人的看法也如此，所以研究思維的學問叫「心理學」，而不是叫「腦理學」。我那時已經確知人是用大腦思考問題的，但「研究思維的學問叫『心理學』」這句話仍使我很感興趣。所以我從國中一年級開始盡可能找些心理學書籍和報刊文章來讀。這件事使我感到，人研究什麼學問，其起因有可能純出偶然，這或許也算「有意栽花花不開，無心插柳柳成蔭」吧！不過，從我主觀上說更喜歡這四句話：「有意栽花，無心插柳，春還大地，柳暗花明。」這是我數年前送給小女的題詞。

自從我進入大學以後，讀書便不大瀟灑了。本來，我讀的是中文系，看古今中外的文學名著乃是「正業」，又其樂無窮。之所以會不瀟灑，主要有兩個原因：一是我想研究理論，包括文藝學、文藝心理學、美學和哲學。研究理論勢必要多讀艱深的說理之作，又勢必把文藝作品做為思考的對象來讀，因此無論什麼書都讀得很苦。二是我強烈思念父母與家鄉，一到寒暑假必要回家探親，而路費又只能來自寫稿。如果一個人為寫稿而讀書的話，那讀書便純屬苦事而非樂事了。這方面的情況，我已寫了一篇題為〈戲說稿費〉的文章，刊登在一九九五年四月的《群言》雜誌上。

二

由於寫稿的緣故，我實際是從讀大學的時候起，已經把讀書和用書結合起來了。等到大學畢業留校任教以後，我基本上已是為用書而讀書了。這樣做並非出於自覺或自願，而是因為歷經坎坷，工作多變，不得不如此。

我留校後，起初是做中國現代文學的研究工作；而所謂研究，實際是參加現代文學教科書的編寫。由於我在大學中對現代文學下的功夫不多，因此為編寫教科書的任務所迫，只能「現學現賣」，即一邊看書一邊用書。

兩年之後，正當我對現代文學已有「入門」之感，並產生較大興趣時，我的工作卻變為中國古代文學的資料工作，具體說就是注釋兩漢樂府詩和部分唐詩，這仍然只能一邊看書一邊用書。一年多以後又改為參加《楚辭》研究工作，具體說還是編書。另外也要做古代文學的教學工作，起先只教先秦兩漢部分，後來改為給外系學生教文學史，便只能從先秦一直教到清代。我在大學期間雖然對古代文學用的功夫較多，但要在完成《楚辭》研究任務之餘，再接受這樣的教學任務，那畢竟需要有較多的時間來備課。然而我卻並沒有多多讀書、長久備課的福氣，

還是只能一邊看書一邊用書。這種情況一直延續到一九六五年下鄉參加「社教」運動；「社教」未結束，便是「文化大革命」了。

在這一段讀書用書的過程中，有一件事是值得說一說的。

我雖從小就對中國古代文學有興趣，卻有兩個例外，那就是不喜歡屈原和關漢卿的作品。但從一九五九年起，我卻不得不把主要精力用在屈原辭的資料和研究工作上，這豈不是一件苦事嗎？可是這種苦的感覺僅僅只有幾個月，我很快就喜歡屈原了；等到一九六五年的時候，我已認定《離騷》是「天下最有抒情深度的詩」，《九歌》是「天下最完美的詩」。使我發生這種變化的原因，便是一邊讀書一邊用書。用書是會產生看得見、摸得著的成果的，而成就感則能使人對所做的工作產生興趣與熱愛。為此我曾對愛因斯坦一句名言做過補充，他說「熱愛是最好的老師」。但熱愛怎麼會產生呢？碰到不熱愛的工作又該怎麼辦呢？我的想法就是要盡可能爭取有一點成果，有了成果便會熱愛起來。接下來再問，成果又從何而來呢？我想成果只能出於實幹，絕無「心想事成」之理。因此，人倘若「運氣」不佳，碰到了不喜歡的工作而無可選擇，那麼與其鬧情緒還不如硬著頭皮去試一試；說不定就會「實幹事成」，進而使感情也發生相對的變化。這樣，我就冒昧將愛因斯坦的話由一句加到三句，即「熱愛是最好的老師，成果是最好的太老師，不得不做是最好的祖師爺。」

三

我在一九七一年恢復教學工作。起先在新聞系教「新聞寫作」，一年後調到古典文獻系繼續做《楚辭》研究，同時也要開設與古籍整理和研究有關的課程。一九七八年起重新研究文藝心理學，很快開出了一門課，並在十年之間寫出了三本書和幾十篇論文。在此期間也從事書法藝術的研究，發表了大約二十篇論文。到一九八七年，《楚辭》研究的任務差不多完成了，我所帶領的教學組便轉向了中國傳統文化的教學和研究，我本人開設了「中國傳統文化概論」課，也發表了大約二十篇論文；現在工作又變了，但寫的文章還是以有關傳統文化的為多。這便是最近二十多年的工作簡歷，而讀書則仍然是圍繞著工作需要來讀。

我的專業工作如此多變，而讀書又直接為了工作，因此很可能成為一個「學術盲流」。但我覺得自己還不是個「盲流」，這主要因為我採用了「滾雪球」和「建立根據地」的方法。

所謂「滾雪球」可以用一個事例來說明。一九七二年我和古典文獻系的同學到工廠「開門辦學」，做了一段之後，帶隊的支部書記對我說：「咱們下廠，雖說以向工人階級學習為主，但做為古典文獻系總還要講點專業知識。」我很同意他的觀點，他便要我回校用三天時間備出個「中國歷史要籍介紹」課來。我說：「三天怎麼能備出這麼個課來呢？」他說：「你就本著講比不講好這個觀念去備，備多少算多少。」於是我就用三天時間備了三小時的課。由於講後反應不差，他就要我再講個「中國歷史要籍介紹」，也是用三天備出三小時的課。這兩次課的

內容不但簡陋，而且學問家們還會提出質問：「你講「歷史要籍介紹」，你把《二十四史》看遍了嗎？」我那時的確沒有通讀《二十四史》，但我必須根據支部書記的指示去辦；而且事實也證明了「講比不講好」。從那以後，我年年都講這兩門課，內容則不斷充實；到「文革」以後，這兩門課終於成了比較有分量也比較受歡迎的專業課。這便是「滾雪球」。倘若當初我堅持一定要讀遍《二十四史》之後才講「歷史要籍介紹」，那麼事實上恐怕就不會有這兩門課了。

所謂「建立根據地」，是指在多變的工作中要力爭在每個職位上做出一點成果，有個立足之地。這些成果雖然分散在各個學術領域，最後卻可能連成一片。否則只是流動而始終沒有立足點，豈不就成了學術領域中的「盲流」了？一些活得瀟灑而有福氣的「讀書人」，情況便與此相似；他們讀過許多書，用作話題頗有包裝作用，真要工作卻無真才實學。我這人倘若沿著中小學期間那種讀書方法一直讀下去，也可能成為這樣的「讀書人」；後來倒是因為經歷坎坷才使我得到學以致用的好處。自從參與工作以來，我不記得有過什麼讀書之樂，卻總是感受到讀書之苦；只有在自己感到取得了一點成果時，才覺得有些樂趣。「建立根據地」的讀書法也可以比喻為在各地辦企業，現在的人們也許更易於理解。「盲流」如能在他所流經的地方都辦個企業（規模不必大，卻不能是「皮包公司」），那也就不是「盲流」了。而且各個企業的業務雖然表面看來沒什麼關聯，但實際上彼此之間卻是多有融通之處的，各類業務是可以互相促進的。

四

我談論讀書問題，總要說到三句話，即「看為基礎，想為主導，落實到用」。如前所說，我自己讀書大致上是為用而讀，這是由個人的工作經歷決定的，未必適用於他人。但學以致用這個大方向卻應該說具有普遍性，適用於所有的讀書人。

金開誠（1932～2008），江蘇無錫人。1955年入讀北京大學，畢業後留校任教。曾為北京大學中文系教授、博士生導師。有《文藝心理學論稿》、《藝文叢談》、《楚辭選注》、《屈原辭研究》等著作。

讀書卮言

褚斌傑

從啟蒙時開始讀書，如今已年逾花甲，幾十年來又忝為人師，照理說談點讀書的事似應不難，但開口舉筆之際，卻突覺得大為不易，這是怎麼回事呢？我想，首先是讀過些書和談讀書是兩回事。回想幾十年來，日積月累，確讀過不少書，但書應該如何讀，應讀些什麼書，採用什麼方法來讀等等，卻從來很少想過，也就是缺乏思考和總結。平時讀書，讀就是了，現在要我專門來談，大有無從談起之感。此其一。再就是要我談這樣的題目，也不免有些顧慮。自思幾十年來，跋涉在書山冊海之中，往往感到困惑而缺少門徑，今要我來解惑指路，豈不汗顏。心一虛，就開不得口，拖不動筆了。

經考慮，我決定以隨筆雜談的方式，寫一點有關讀書方面的切身體會，這樣對我既容易下筆，又避去拉起架勢向人說教之嫌，或取或棄，並由讀者諸君裁奪。

一

五〇年代初，初入大學，師長領著參觀圖書館，滿室滿架的藏書，使我大為震驚。小學、中學時，就很喜歡讀書，讀各式各樣的書，更希望有更多的書供我來讀。豈知洋洋乎書海無垠，不見涯岸，不免大為困惑。不久，大學者馮至先生為我們做學術講演，座談時就提到讀書的話題，他講你們不要為那麼多書嚇住，書多並不都可讀，也非都要讀，這要看你的專攻；有必讀，有參考，有不讀。馮師的話很簡單，但對於當時我們一些好高騖遠又感手足無措的幼稚學子，確有指點迷津的作用。

二

不管有人把讀書標榜得多麼清高，實際是離不開功利目的的。

大者說為了服務於社會，貼近說為了謀生，都需要讀書。專業不同，所需讀的書也就不同。但我以為任何專業性的書都可以分為兩類，一是屬基本的、經典性的；一是屬於前沿性的，近今人的闡釋和研究成果。

別的學科我無知，不敢妄言。如以我所從事的古典文學研究領域來說，有一些書就是要必讀，精讀的。如先秦的一些典籍，後世的名家原著，它們大都內涵豐厚，影響深遠，有永遠解釋不盡的特點，要想在本學科發展自己，讀它們就是打基礎，是學科的基本功。

但是也還要跟學術的時代發展掛上鈎。關於本學科的新理論、新視角、新的發展趨勢，也必須掌握和研究。否則就無法服務於時代和社會。

有人說，自然科學工作者有「知識更新」的問題，從事古代學科研究的人，研究的對象是古代文獻，還有什麼「更新」？實際上，我所說的後者，「更新」就是學術觀點的更新，治學方法的更新。

古代經典、古代作家作品、古文獻，已是歷史的存在，但歷代研究者的觀點、研究方法是不同的。如中國古代治學，就有漢學，宋學之分，再細些考察，歷朝歷代都有所不同。一是學術研究、人的認知在發展；二是學術必然也應反映時代的需要。就從近代學術的發展來說，「五四」以前與「五四」以後，以致建國後直到當今，治學觀點、方法就屢經變遷。古代典籍、古代文學做為研究的對象沒有變化，但治學者對它們的認知、闡釋，已經幾經更新變遷了。

因此，讀書從事學術研究工作，我主張要抓兩頭兒。要熟悉、精讀經典性的，有巨大歷史影響的原著；同時，要不脫離學術發展的前沿，掌握學術研究的新動向、新成果。

兩方面的書，都要讀，用心讀。

三

讀書要會讀，方法是各式各樣的。但也有行之有效的常規，依我個人來說，往往採取這樣的讀法：

一、粗讀。一本書到手，首先翻檢一下，瞭解其概貌，統攝其大意。即透過前言、後記、章節的劃分，大體知其內容和性質。

二、精讀。如果以為可讀和需要讀，那麼就一章一節讀下去，弄清其基本觀點、引證的資料和論證的方式、方法。邊讀邊思，邊思邊讀，可以手勤一點，做摘錄和箚記。如是自己的藏書，還可以做批註。

三、多角度地讀。讀書總是有目的的。如果這部書是你的研究對象，那麼在全面精讀的基礎上，還可以根據需要，從不同的角度重讀。譬如說你讀的是《莊子》，要對莊子進行全面或某一方面的研究，就可以分角度地再讀，如莊子的哲學思想、社會思想、美學思想、文章結構、語言修辭，以及寓言、比喻等等，在重讀時或做記號，做摘錄，記心得，與全面讀相比，這已有解剖性質了。粗讀是偵察，準備階段；精讀是基礎，多角度讀，就是為具體研究工作、動手寫出課題論文做進一步準備了。

四

不記得是什麼人說過的了，說是讀書要把一部厚書讀薄了。我想這是從讀書要領會其精神，擇其精華說的。

讀書需記、需思，還需通悟。近代學者楊樹達就曾說過，學者既要強識（記），還須通悟，「如不能兼，則寧取通悟而捨強識，」（《溫故知新說》）讀書貴在透過思考而消化，不是曾有人諷刺那些讀書不少，但食而不化的人為「兩腳書櫥」嗎？死讀書，死記硬背，於人於己何益？

五

讀書是雅事。「萬般皆下品，唯有讀書高」，此話出現在過去社會，與「勞心者治人，勞力者治於人」的話一樣，有歷史的、階級的偏見。但社會發展需要文化，讀書是人們在知識上、修養上走向高層次之所必須。故可說是「雅事」。但隨著社會的發展，人人都需要讀書，且已不是什麼人的專利。其實讀書也是「俗事」，是每個人謀生、服務於社會的一般事。

但硬要分雅、俗的話，我想也可以分，有的無聊之人，為了打發日子尋求刺激。而專門找些打鬥、言情的和迎合一些所謂的潮流的書來讀，既無知識的增長，也無益於身心，讀來讀去，「俗人」一個罷了。

六

「古之學者為己，今之學者為人」，這是中國最早的師尊孔子說的話，意在說明在讀書學習上，古人比今人（當時之今）正確。這話初讀起來實不夠明白。「為己」與「為人」似乎應說後者可取。其實原意所指是這樣的：孔夫子崇古，是藉古說教。「為己」是說為了個人的身心修養，讀書是為了學做人。而「為人」則是指將讀書做給人看，為了炫耀自己，為了獲取別人的讚美，邀取別人的賞識。這樣來說，孔子之論，確指出了某些讀書人的通病，是有道理的。

七

歸根結底，讀書是為了充實自己，提高自己，故貴在有得。有得則需要融會，需要貫通。這就要靠「思」。生吞活剝，死記硬背的讀書是難有大收穫的，「學而不思則罔，思而不學則殆」。學思結合，庶幾成焉。外國名人佛蘭克林也說過這樣的話：「讀書是難事，思索更不易，而兩者缺一，就毫無用途。」依我的經驗，讀書，特別是重要的書，不能讀得太快，也不能唯讀一遍，咀嚼、深思、品味，達到產生出豁然之感，才真的有獲。

八

世上的書浩如煙海，有些書是應該，也經得起反覆讀的。這些有讀頭兒的書，往往每讀一遍有一遍的收穫。所以新書要讀，已讀書也要讀。所謂「溫故而知新」。溫故非簡單反覆，要

同樣地用心思索。「溫故而不能知新者，其病也庸；不溫故而知新者，其病也妄。」（楊樹達語）為了避免「庸」往往需間隔一陣再去讀，體會自然不同。

九

魯迅就曾勸導治學的人，要讀全著，不要信選本。並舉研究陶淵明為例，說有人受了選家觀點的左右，對陶淵明未窺全豹，而做出了片面的理解和評價。所謂「倘有取捨，即非全人；再加抑揚，更離真實。」這確是應警惕的。

但從實說，選本也並非全無需要和皆不可讀。還是以研究古典文學來說，如你重在研究某一代或某一體文學，那麼對這一代的諸多典籍、名著，要盡量讀全集、原著，但畢竟應讀書太多，量太大了。而對其他一些文史名著，則挑選些靠得住的名選本來讀，做為必要的知識和素養，也就可以了。這要看與你所專攻的對象，課題關係的大小來定。如果你只是個古典文學愛好者，選本一般就可以滿足了，一律去讀原著、全集，實際並無太多必要。

十

專業性的讀書之外。還有興趣性的讀書。興趣所在，甚至興之所至，隨便翻翻，開卷有益。陶淵明的「好讀書，不求甚解；每有會意，即欣然忘食」，大約就指的這類性質的讀書。這類讀書，東一本，西一本，了無計畫，亦無目的，但只要不是什麼邪書、壞書，照樣增加不少知識，照樣增長不少見識。

褚斌傑（1933～2006），北京市人。1954年畢業於北京大學中文系並留校任教。曾為中華書局編輯，七〇年代重返北京大學，曾為中文系教授、博士生導師，兼任中國屈原學會副會長。著有《中國古代神話》、《中國古代文體概論》、《古典新論》等。

開卷有益樂無窮

胡經之

以教書、寫書為生的人，要靠自己「行萬里路」，恐非易事，但若想「讀萬卷書」，大概不算太難。

為了要讀書、寫書，就必須讀書。由讀書進而又發展到買書、藏書。五〇年代初，我先在江南教過書，再到北京讀了十年書，然後三十多年一直在教書、寫書，這輩子就是同書打交道了。

能多讀書，自然是好事。開卷有益，讀書能增長知識，開闊視野。有了知識，學以致用，用來研究學問，發展學科，那就更好了。再說，讀書本身就是一種精神享受，一卷在手，入乎其內，其樂融融，煩惱盡消。

大學四年，只是多讀中外古今文學名著，向圖書館去借就是了。待到跟隨楊晦、朱光潛、宗白華攻讀副博士研究生課程，頓感書籍不夠，於是登堂入室，去向老師們借書讀，出入於一些學者、教授的書齋，深為他們的豐富藏書所吸引。楊晦的藏書，以文藝學為主，為了買書，他借了馮至一大筆款。朱光潛、宗白華則多美學著作，何其芳、王瑤收有豐富的現、當代文學史料，游國恩收藏的文學古籍最多。我曾拜訪過南京大學羅根澤，他搜集的古典文論極為豐富，印象很深。我研究《紅樓夢》曾出入於吳世昌、周汝昌、吳恩裕的書齋。吳世昌特地邀我去他的家庭書庫一看，使我大為驚訝，怎麼會有這麼多書！

漸漸，我也自己買起書來。讀書多了。為便於記憶，喜歡在書上圈點勾畫。這，必須有自己的書才行。偏偏，我研究的專業是美學、文藝學，涉及面極廣，人生哲學、藝術文學、古今中外，都要涉獵，需買的書越來越多。這樣一來，無異自找苦吃，我的研究生助學金是五十二元，除了必要生活費用花去一半，剩下的就全都丟到書海裡了。幸而不時有點稿費補貼。上海文藝出版社出了我一本文學評論小書，一下子給了近千元，相當於一年多的津貼。我喜出望外，去王府井挑了一小車書，由書店送到燕園，慢慢享用，倒也自得其樂。

於是，買書也成了一種嗜好。日積月累三十年，到八〇年代搬進暢春園新居而有了間書房時，把書一擺開，書櫥竟把三面牆都佔滿了。正在發愁，書再多下去怎麼辦，我卻來到了深圳，有了另一間書房，可以再在這裡買書。一晃八年，不知不覺，書又堆了一屋。傷腦筋的是要把兩處書合攏恐擺不下，看來有些只能留在母校了。

書要讀才能盡其用。買來的書。我當即坐下瀏覽，快速翻閱一遍，瞭解總體輪廓，有個初步印象。等到教書、編書、寫書，就把有關課題的書再找來集中細讀。因為對自己的藏書胸有全局，心中有數，所以用起來得心應手，頗有成效。我撰寫專著《文藝美學》，廣泛利用了我的藏書。以我讀書所得，我為國家教育委員會主編了兩套教科書一百萬字，相對的教學參考書

七卷四百萬字，分別獲得了國家新聞出版署頒發的「全國優秀外國文學圖書獎」和國家教委頒發的「全國高等學校優秀教材獎」。為培養碩士研究生，我編選出版了四十萬字的《中國現代美學叢編》和八十萬字的《中國古典美學叢編》（獲「特區十年社會科學優秀成果獎」），都充分利用了我自己的藏書。物盡其用，出了書，亦是一樂。

我愛在優美的音樂聲中讀書。優美的樂曲使我更易入讀，而且創造出和諧氣氛，其樂無窮，真是高雅的審美享受。現在，我最愛讀的書，除藝術哲學以外，就數描寫作家、藝術家創作過程的書了，也愛讀社會活動家、政治家的傳記，瞭解這些人的人生歷程，也領略了人生樂趣。

胡經之（1933～），江蘇蘇州人。現代作家、文藝理論家。1960年北京大學研究生畢業。曾為深圳大學國際文化系主任、文化研究所所長、教授，深圳市作家協會主席、文聯副主席。編著有《文藝美學》、《西方文藝理論名著教程》、《西方二十世紀文論史》、《中國古典美學叢編》等。

書趣

袁行霈

到我識字的時候家裡藏書已經不多了，父母督責又不嚴，所以我小時候並沒有認真地讀什麼書，當然也領略不到書的樂趣。只是因為沒有年齡相近的兄弟姐妹一起玩耍，父母又不肯放我出去「撒野」，便只好取書為伴，胡亂地讀來解悶。在讀過的書裡真正喜歡的也不多，只有一部《聊齋誌異》成了我的好朋友。我本耽於幻想，但任憑我想入非非，也幻化不出聊齋那麼多瑰奇的故事。我對蒲家莊那位老秀才佩服極了。至於外國文學的知識，多半是靠了鄭振鐸先生的《文學大綱》，這書印刷精美，又有許多插圖，成了我經常摩挲翻閱的讀物。陸放翁說他小時候偶然見到陶淵明的詩，欣然會心，愛不釋手。日暮，家人喊他用飯，至夜卒不就食。那真是一種福氣。我遠未達到他這樣癡迷的程度。

一九五三年我考入北大，經常鑽圖書館，這才日益體驗了書趣。當時的圖書館在辦公樓南側，負責出納的館員，論年紀有的是師輩，和藹可親，頗有書卷氣。遞上索書條，略等片刻，書已到手。書庫在樓上，有一類似煙囪的通道通到一樓的出納臺，借還的書籍都是由這通道吊下吊上的。等書的時候，那吊索、吊索上的書籠和書籠裡放置的各式各樣的書刊，便成為我注

視欣賞的對象。那時閱覽室裡還有兩樣東西使我感興趣，一是開架的工具書，有的厚極了，兩手托不住，平攤在一個固定的支架上，任讀者隨時翻閱；另一樣是鉛筆刀，似乎是固定在一扇不開的門的框上，鉛筆插進去，用手搖幾下就行了。這些小設施體現了管理人員對讀者的一份細心的關照。那時的館長是向達先生，他是一位著名的學者，懂得讀書人想親近書的心情，所以允許教師入庫。我一畢業留校任助教，便享受了這種優待，於是常常登上樓梯，鑽進書庫，隨意瀏覽。身子擠在高大的書架之間的小「胡同」裡，前後左右除了書還是書。伴著淡淡的書香，一待就是半天，比看電影、逛公園還愜意。有時被好奇心驅使，專取那些塵封已久的書來翻，弄得兩手都是灰。看書的同時，留意書後借閱者的簽名和年月也挺有意思。有一部書從三〇年代郭紹虞先生借閱以後從未有人借過。郭先生的簽名十分雋秀，至今難忘。進庫的規定「文化大革命」中取消了，八〇年代初得以恢復。有一段時間我的體力不佳，偶爾帶個小馬紮進去，站累了可以坐下歇歇。小馬紮允許帶入書庫，是管理人員的優待和信任，心裡很感激。

入庫省了我很多精力和時間。有些書本來只要查閱一下就可以了，不需要麻煩管理員為我們取出來，彼此都省事。有時為了研究一個題目，要查閱許多書，入庫就更方便了。更重要的是入庫可以激發做學問的興趣，在無意的瀏覽中還可以發現新的有意義的研究課題。一九八二年至一九八三年我在日本東京大學教書，課餘曾到八家著名的圖書館訪書，有時也獲准入庫。著名的靜嘉堂文庫是收藏原屬我國皕宋樓藏書的一家圖書館。館長親自陪我入庫，不少國內已看不到的宋元善本，整齊地存放在樟木製作的書櫃裡，歡迎讀者借閱。更使我感嘆的是東京大學的漢籍中心，索性發給我一把書庫的鑰匙，供我隨時入庫讀書，真是方便極了。

逛書店也是一件趣事。五〇年代和六〇年代初，琉璃廠、隆福寺、東安市場都有不少舊書，書多而且便宜，偶爾還能碰上善本。可惜當學生時零用錢很少，當了助教月薪也不過五、六十塊，能有多少錢買書呢？實際上是把書店當成圖書館來逛。近幾年收入增加了，可是書價也漲了。線裝的古舊書，以前幾十元一部的，現在恨不得賣到千元，仍然是買不起。隆福寺的舊書店關閉了，東安市場的舊書店消逝了，只剩下琉璃廠還有幾家，儼乎其然的，早已不是當年那副歡迎讀書人來買的樣子。物以稀為貴嘛！也難怪。不過平心而論，這些年我還是買了點書。我給自己訂下一個規矩，走進書店萬不得已不要空手出來，總得買一、兩本才對得起書店和書的作者們。就這樣，有自己買的，有朋友寫了書贈送的，加起來我這間十四平方公尺的書房幾乎擺滿了三面牆的書。陶淵明有詩曰：「我土日已廣，桑麻日已長。」我看著自己的藏書常常想起這兩句詩來，藉由其意以表示藏書增長的喜悅。

不過，做研究還得靠圖書館，個人的書遠遠不夠。一些老師不願離開北大，有一個重要的原因就是依戀這兒的藏書。儘管別處住屋寬敞、獎金優厚，但是書少，做研究不方便。我希望政府多撥些圖書經費，使北大圖書館的藏書更豐富些，也希望北大圖書館多做些方便讀者的事。讀者的研究工作取得成績，絕不會忘記圖書館裡那些忙忙碌碌供給他們圖書資料的人們。

袁行霈：書趣

袁行霈（1936～），生於濟南，原籍江蘇武進。1957年畢業於北京大學中文系，留校任教。曾任北京大學中文系教授、博士生導師。兼任中華詩詞學會理事。著編有《中國詩歌藝術研究》、《中國文學概論》、《山海經初探》等。

斷章取「藝」

劉紹棠

我這個人上學早，識字快，七歲就看閒書。開頭是因為聽評書而想看原著，都是武俠小說。後來，由於連看幾齣京劇中的紅樓戲，又想見識《紅樓夢》。那一年，我九歲，兩冊互不銜接的石印《紅樓夢》殘本，被我囫圇吞棗，吃進肚裡。

雖是黃口小兒的浮光掠影，卻也水過地皮濕，對《紅樓夢》中的某些人物產生了數十年守恆不變的印象和評價：王熙鳳，夠毒的；賈璉，夠壞的；尤二姐，夠賤的；平兒，夠難的；寶釵，夠陰的；晴雯，夠俊的；尤三姐，夠硬的……

從九歲到眼下年近花甲，我自稱十讀紅樓，其實並無精確統計，但敢保讀過十遍以上。只是我讀《紅樓夢》不是索隱探祕做「紅學」，而是為了從中偷藝寫小說。

偷藝，也就是學以致用。

在中國寫小說的人不讀《紅樓夢》，我覺得就像基督徒不讀《聖經》一樣，可算不通情理，說不過去。有一位「新潮」文藝理論家，拿《紅樓夢》跟西方現代派小說比較，說《紅樓夢》只夠國中水準。這就更加令人忍無可忍，惹得我多次寫文和發言反駁他。如今，此人到西

劉紹棠：斷章取「藝」

方寄人籬下，「比較」來「比較」去，還是靠賣《紅樓夢》掙口飯吃。面對西方「藍眼睛」，大談《紅樓夢》比西方現代派小說高出百倍、千倍、萬倍、萬萬倍，唬得那些「國中水準」以上的藍精靈如醉如癡，走火入魔。

閒言少敘。且說我向《紅樓夢》學習語言藝術，是重點進攻，條塊分割，全面推進。

我的重點進攻對象是王熙鳳、林黛玉和晴雯。這三位女性的語言最有鮮明特色，個性最為突出。聞其聲如見其人，聽其言而發人深思。

條塊分割便是對各系統（一脈相承的血緣關係）和各單位（如怡紅院、瀟湘館、梨香院……）的不同人物，進行個別和綜合比對研究。賈政、王夫人和趙姨娘的搭配，薛姨媽、薛蟠、薛寶釵一家的組合，真是虧他（曹雪芹）想得出，罵人不吐核兒。

凡在《紅樓夢》中有名有姓的角色，哪怕微不足道，一閃而過，我也在「全面推進」中解剖「麻雀」。

深受賈寶玉的精神感染，全盤接受這位「無事忙」先生的高論，我對《紅樓夢》中的男性興趣不大，在女性中對已婚者也不太感興趣，而對未婚少女，在丫頭身上下力多，小姐身上用心少。

透過我對《紅樓夢》的閱讀和思考，透過我在創作上借鏡和學習《紅樓夢》的深刻體會，我寫小說是追求以個性語言，來刻劃人物的個性和暗示人物的心理活動。又以人物在動態中的準確的細節描寫，描繪人物形象。由於個人氣質和生活經驗不同，我寫不出《家》、《三家巷》那樣跟《紅樓夢》出色的作品。但是，我在我的鄉土文學小說中，寫過不少「鄉土晴雯」、「鄉土芳官」、「鄉土金釧」、「鄉土襲人」……只是沒有依樣畫葫蘆，不那麼顯眼。

《紅樓夢》的故事情節和人際關係，我已十分熟悉，這幾年便不再通讀。出於個人情趣和創作需要，我對《紅樓夢》的閱讀改為「聽折子戲」的方法，也就是將《紅樓夢》的精彩片段，分割成若干中篇或短篇，類似《水滸》的宋十回、武十回、林六回、魯三回……凡以王熙鳳、林黛玉、薛寶釵、秦可卿、賈寶玉、劉姥姥、晴雯等為主角的章節，或表現重大事件和複雜紛爭的段落，我都節選出來，反覆精讀和尋思。如「撕扇子作千金一笑」，我節選了兩千多字。晴雯那多層次、多角度的心理活動，完全從她那有聲有色、潑辣含蓄、豐富優美的語言中流露表現出來。「不肖種種大受笞撻」一段，我前後節選了五千多字。在這五千多字裡，或隱或現將賈府男女老幼、尊卑上下、親疏遠近、真假虛實的眾生相，暴露無遺。在這些「折子戲」裡，每個人物的一言一笑、一動一靜，都話裡有話，弦外有音，意猶未盡，令人回味無窮。

後四十回的「折子戲」，我只看中黛玉之死和襲人之嫁兩節。

不僅對於《紅樓夢》我是如此重讀，而且對於過去閱讀的所有名著，我也是如此複習。

如此如此，我稱之為斷章取「藝」。

劉紹棠：斷章取「藝」

劉紹棠（1936～1997），北京通縣人。現代作家。1954年入北京大學中文系學習。1976年後，為中國作協北京分會專業作家。曾任中國作家協會理事、北京作家協會副主席。主要作品有《小荷才露光光角》、《蒲柳人家》、《運河的槳聲》等。

日坐書城

葉永烈

一家雜誌刊登了我在書房裡的照片，用了「日坐書城」為標題。我覺得頗為貼切。

我家號稱「萬卷戶」。其實，我的藏書何止萬冊，雖說我也不知道究竟有多少冊——因為我實在沒有時間去逐一清點，而且隨著郵遞員每一回光臨，我的書幾乎每天都在增多。

眼下，家家戶戶時興「精裝」居室，四壁糊上漂漂亮亮的牆紙。我家的「牆紙」與眾不同。一位記者在報導中稱之為「特殊牆紙」；四壁，是我親手設計的「頂天立地」的大書架，密密麻麻站滿了書。這書架，成了我家的「特殊牆紙」。不過，能夠在書架上拋頭露面的，大都是我常用書。一些不大用的書，只得「躲」進書架裡面——書太多，書架上不得不分內外兩層放書。還有些不大用的書，更為「委屈」，堆放在壁櫥或床下。有些幾乎不用的書，則整箱整箱送給初學寫作者或圖書館（這些書大都是一般的文學小說，看過一遍，不大會再看）。

我是一個對文學、對科學都有興趣的人。大體上一個房間裡放文學和社會科學書籍，另一房間放自然科學書籍。在書架上佔居顯要地位的，往往是工具書、資料性書籍，是我寫作時常用的。比如，那部《辭海》的邊沿已被我翻得泛黑了，《簡明不列顛百科全書》也處處留下我

翻閱的印記，種種大事記、辭典同樣不時接到我的「調令」來到我的書桌上。人們常常誤以為作家大約不用那種中、小學生常用的《新華字典》，其實不然，我已翻爛了好幾本《新華字典》——從最初灰綠封皮的那種，到藍封皮的，到現今正在用的紫羅蘭封面的。因為我在寫作時，彷彿覺得上千上萬讀者在看著我的稿紙，寫錯一個字，一印出來便成了上千上萬個錯字——這萬萬使不得。這樣，遇上自己「吃不準」的字，寧可翻一下《新華字典》。至於《成語辭典》、《名句辭典》之類，也總放在我伸手可及的地方。

家中書已成「災」，我仍不斷買書。尤其是出差，誰都怕行囊太重，而書恰恰是「重貨」。可是，我每逢外出，總要進書店。越是偏遠的小城書店，我偏要去。在那裡，往往能「淘」到一些冷僻的好書，放進旅行袋，遠途運回上海。這些書，我往往一邊旅行一邊看，在旅館的檯燈下，在候機室、候車室，不斷地看著。回到家中，根據我的初讀印象，給它們在書架上安排「住宿」之地。給我留下良好印象的，便能擠入書架的「顯要」位置。

「書到用時方恨少」，即便家中已經存了那麼多的書，我仍感到不夠用，不得不跑到圖書館借書。我擁有好多圖書館的借書證。有的書，則是匯款到各出版社郵購。我手頭備有各地的郵購部通訊處。比如，最近我聽說武漢大學出版社出版了《國共兩黨關係史》，但不知書價，「毛估估」匯去三十元，結果對方來信說這套書四十多元，我趕緊補寄……

我不斷地買書、借書，不斷地讀書。日坐書城，書使我能夠識古知今，使我識外知中，使我悟得人生的價值，懂得知識的力量。越是讀書，越是感到自己淺薄。讀書無止境，求知無止境。我常常後悔，少年時不知時光的珍貴，沒有把一切可以利用的時間用於讀書，而今年過半百，寫作繁忙，讀書時間只能在忙中擠，無法暢讀。時光如流水，一去不復返。眼下，用有限的時間去讀無限的書，我只能缺什麼讀什麼。書的海洋，那麼博大，那般精深，何時得閒，從從容容地縱橫上下隨意遨遊？看來，最現實的，只有一個字：擠！擠時間讀，多讀一本書，多一份智慧，多一份力量。

葉永烈（1940～），浙江溫州人。現代作家。1963年畢業於北京大學化學系。現為中國作家協會上海分會專業作家。任中國科普創作協會常務理事、世界科學幻想小說協會理事等。著述豐富，以科普作品、影視作品和文學作品為主。

情癡不關風與月

陳建功

和書的緣分大約是在十四、五歲時結下的，那時候我是人民大學附中的學生。或許是三年自然災害剛過，政治上比較鬆動，學校圖書館那間只為教員開放的閱覽室，居然對學生敞開了大門。每天下午例行的體育鍛鍊一完成，我就一頭栽進了那四壁滿佈書架，中間也立著一排排書架的大廳。那時我覺得，讓我走進這麼一個地方，又賦予我在這裡東翻西翻的權利，就跟把我放進了天堂一樣。是的，我過去從來沒有這樣的機會，更沒有這樣的權利，我只能讀老師和家長推薦的圖書，不管它是否能引起我的興趣。更坦率地說，它往往引不起我的興趣。而現在，我發現，原來這世界上還有這麼多有趣的書，它們並非全如過去所見，只是那一個味兒！更不用說從未見過的那些精美的畫冊了，也不用說一直只是聽到批判，卻從來也沒讀過的《紅與黑》、《拍案驚奇》之類了。就說書裡寫到的英雄吧！也不光是黃繼光和夏伯陽。我就在這閱覽室裡，見識了在「生存還是毀滅」中折騰的「哈姆雷特」，妒火中燒的「奧塞羅」……少年人的感覺，當然並不準確，把哈姆雷特、奧塞羅和黃繼光、夏伯陽相比就是明證，不過，生活的確是給了我一個機會，讓我感受到，書，把人的一生所擁有的可憐兮兮的空間和時間拓展了。它帶領我們到遠古去尋覓，到未來去探訪，到海外、天外遊歷，至微觀世界領略其神奇，到別人經歷的人生裡共用悲歡……讀書的妙處，恰恰就是因為它能使有限的人生得到無限的拓展。後來我在一篇作文中談過類似的體會，我說，曹丕與吳質書嘆道：「年一過往，何可攀援。古人思秉燭夜遊，良有以也。」何如把「秉燭夜遊」為「秉燭夜讀」？……年少氣盛，想來可笑，然愛讀之心，也可見一斑吧？

那時候讀書真是讀瘋了，不敢說像某位前輩年輕時那樣，「一日一書」，至少也「每週一書」。讀過的不僅有文藝小說，而且還有社會科學著作，甚至連《自然辨證法》也啃了來，因為看不懂，又先去讀了龔育之的論文，還去查了不少自然科學著作……

不難想像，沒過多久，當「文革」的烈火把我所癡迷的東西化為一炬的時候，我會是個什麼樣子。

十八歲那年，我到京西當了一名採掘工人，我的行李裡有一套《紅樓夢》，這書不是我的，它的主人是人大的何干之教授，書上還有他的大名。我猜是紅衛兵抄了他的書，後來流傳到了我的手裡。說起來不好意思，我得了這本書，當時絕沒有要還他的念頭，因為我太需要它了，再說我也不知道到哪兒去找它的主人，再說那時候這書還被當作「四舊」。可惜的是，這套書沒多久就失去了：我的一個朋友借去看，事後他告訴我，當他在列車上看這本書時，被列車員沒收了。天知道是真是假，更有可能的是，沒收了我的書的是我的這位朋友。對一位和我一樣的嗜書者，我能說些什麼？唯一遺憾的是，「文革」結束後，我似乎還在人大的院子裡見

過何干之先生，我心裡挺慚愧，沒能把書還給老先生。

沒有書讀的日子有如漫漫長夜，在那個荒唐的年代，為得到一本好書，我甚至幹過有生以來唯一的一次竊盜。

我還清楚地記得那是一個和暖的冬日，有朋友來偷偷告知我，礦上的圖書館在騰房子，一個老頭兒在把所有的「四舊」書打捆、清理，準備送到造紙廠去化漿。我特意為這次有計畫的竊盜歇了一天班，穿上了一件寬大的棉大衣，裝出一副若無其事的樣子，踱入爆上揚煙的書庫，和老頭兒搭話，聊天兒，趁其不備，把一本一本書塞進褲腰裡，用棉大衣掩著，一趟又一趟，那次偷來的書有：《戰爭與和平》、《貝姨》、《曹禺劇作選》，還有朱光潛先生的《西方美學史》。跟高爾基說的一樣，那幾天，我就像餓鬼撲到了麵包上：天天躺在我的床上，擰亮那盞用紙盒子做燈罩的床頭燈，看得昏天黑地，不知東方之既白。你可以想像，一個政治上正受到擠壓、歧視的青年人，《紅字》所給予他的，會是什麼？一個被艱苦的工作壓彎了腰的知識青年，他能跟著朱光潛先生的著作，到美學的天地去遨遊，該是何等的幸運！

這一次行動給我帶來的，也未必全是幸運。大約是幾個月以後，因為我看了曹禺先生的那篇〈日出〉，又給同屋的朋友們背了一段方達生：「太陽出來了，黑夜即將過去，太陽不是我們的，我們要睡了……」被人揭發出來，落了個「攻擊紅太陽」的罪名，招來了鋪天蓋地的大字報，又去開了幾次「寬嚴大會」，如果不是工人們保護我，恐怕真的讓公安局銬了去。

一點兒也不後悔，想的是歐陽修那句：人生自是有情癡，此恨不關風與月。

社會人生的風風雨雨，也權當一本大書可否？

情之所鍾，癡迷至此，風清月朗抑或風雨如磐，又可奈何。

說起來這麼灑脫，當時代進入一九七九年，一大批被打成「四舊」的圖書重新面世時，我也和我的北大同學們一道，擠在新華書店的櫃檯前，喊著：「這本！……那本！」時有一朋友指著被人搶著買走的《安娜卡列尼娜》喊道：「安娜是我的！」人皆轟然大笑，我卻忽覺有「一聲河滿子，雙淚落君前」的悲愴。

是的，情癡不關風與月，不過，讀書，還是月朗風清好些。

陳建功（1949～），廣西北海人。現代作家。1982年畢業於北京大學中文系。北京作家協會專業作家。曾任中國作家協會理事、北京市青年聯合會副主席等職。有《丹鳳眼》、《迷亂的星空》、《陳建功小說選》等行於世。

閒話讀書

曹文軒

古人對讀書很在意，儘管讀書人在社會上地位不高。但讀書與讀書人是兩回事。看不起讀書人，但看得起讀書。於是留下了許多發憤讀書的故事。如「螢入疏囊」（《晉書・車胤傳》：「（胤）博學多通，家貧不常得油，夏月則練囊盛數十螢火以照書，以夜繼日焉。」），如「雪映窗紗」（《尚友錄》卷四：「孫康，晉京兆人，性敏好學，家貧無油，於冬月嘗映雪讀書。」），如「鑿壁偷光」（《西京雜記》卷二：「匡衡勤學而無燭，鄰居有燭而不逮，衡乃穿壁引其光，以書映光而讀之。」），還有「頭懸樑，錐刺骨」之類，不勝枚舉。

但是古人對讀書的益處，認知似乎並不深刻。在某些高雅之士那裡，也有「讀書可以修身養性」的認知，但在一般人眼裡，讀書的目的也就只剩下一個功利：「書中自有黃金屋。」因此，中國的一般讀書人，總不在一個較高的境界。雖也孜孜不倦，但讀來讀去，還是脫不去一番俗氣。他們沒有看見一個精神的殿堂，沒有看出那書原是一級一級的臺階，讀書則是拾級而上，往那上方的殿堂裡去的。因為如此，古人讀書常常就只有一個「苦」的記憶，而很少有閱讀的快意，更少有抵達人生審美境界的陶醉。

讀書是對人經驗的壯大。天下事多不計其數，人不可件件躬身力行。人這一輩子，實際上只能在很小的範圍內經驗生活，經驗人生，個人的經驗實在是九牛一毛、滄海一粟。由於如此，人認知世界，十有八九是盲人摸象，永無全像，因而實際上也就無像。由於如此，人匆匆一生，對生活、對人生的理解也就一片蒼白，乃至空洞。由於如此，人對活著的享受，也就微乎其微，生命實際上是虛晃一世。因而，人發明了文字，進而用文字寫書。書呈現了不同時空裡的不同經驗。你只需坐在家中，或案前，或榻上，或瓜棚豆架之下，便可走出你可憐的生活圈子，而走入一個無邊的世界。你從別人的文字裡知道了沙漠駝影、雪山馬鳴、深宮祕事、上流情趣……。讀書漸久，經驗漸豐，你會一日一日地發現，讀書使你變得心靈充實。其情形猶如你從前只有幾文小錢，而隨著對書的閱讀，你的倉庫一日一日豐厚起來，到臨終時，你居然覺得自己已有金銀一庫，而你曾因擁有它而著實豪華地享受了一生。此時，你會覺得死而無憾，滿足地最後一笑，撒手人寰。

更有一點，未被多少人揭示：讀書還會有助於你創造經驗。這世界上的許多寫書人，不僅僅是將自己所有的特別經驗複述於人，還在於他們常仰望星空，利用自己的幻造能力，在企圖創造知識，以引發新的經驗。這些知識導你進行新的實踐。這些知識預設於腦，使你在面對從前司空見慣的事情時忽然發現了新意。甚至乾脆讓你發現許多事情——這些事情在未得這些預設之前，它們雖與你朝夕相處，你卻並未將其發現。一隻水牛從梨樹下過，碰落了一些梨花。

一個農人，也許對此事渾然不覺，空空走過，但廢名先生卻覺得「落花水牛」的圖景很美，於是有了一番享受。廢名是個讀書人。你也是個讀書人。你讀了海明威的《老人與海》，倘若日後你做事不順，但終究還是將事做成了——雖然此事從表面上看猶如「一襲馬林魚的骨架」，但你記得《老人與海》，於是你在失敗中忽然有了一種優雅的感覺。你讀過尼采的文章，也讀過勞倫斯的作品，同樣的床笫生活，尼采的生活哲學導你進入一番境界，而勞倫斯的「審美之性」又導你進入一番境界。知識使你的經驗屢屢增加，並使你的經驗獲得了深度。你也活一輩子，但你這一輩子密度甚大，倘若浮到形而上的層面來論時間長短，你這樣高密度的一生與一個低密度或者沒有密度的一生相比，你扯下來就不是活了一生。壽有限而知無涯，而知卻可以使壽獲得形而上的延長，甚至是大大的延長。讀書人有這點好處。

讀書養性。人之初，性本就浮躁。落草而長，漸入世俗，於滾滾不息、塵土飛揚的人潮中，人幾乎很難駐足稍作休息，更難脫洪流而出，靜處一隅，凝思獨想。只有書可助你一臂之力，挽你出狂浪濁流。且不說書的內容會教你如何靜心，就讀書這一形式本身，就能使你在喧嘩與騷動之中步入靜態。在這裡，讀書具有儀式的作用。儀式的力量有時甚至超過儀式的內容。時至今日，大工業轟轟隆隆，商業化鋪天蓋地，自由主義無節制開場，現代情緒漫延滋長，人雖日益感到孤獨，卻又在眾人吵嚷中心神不定，陷入了更大的浮躁。如此情況，人深感不安，從心底深處渴求寧靜的綠蔭。此時，人的出路也大概只在讀書了。我在東京時，我的研究生秦立德、戴清都來信，說了他們工作之後的心態，覺得自己現在變得難以沉靜下來，對未來頗感慌恐。我寫信給他們說：任何時候，任何地方，只要不將書丟掉，就一切都不會丟掉。

讀書人與不讀書人就是不一樣，這從氣質上便可看出。讀書人的氣質是讀書人的氣質，這氣質是由連綿不斷的閱讀潛移默化養就的。有些人，就造物主創造了他們這些毛坯而言，是毫無魅力的，甚至是醜的。然而，讀書生涯居然使他們獲得了新生。依然還是從前的身材與面孔，卻有了一種比身材、面孔貴重得多的叫「氣質」的東西。我認識的一些先生，當他們坐在籐椅裡向你平易近人地敘事或論理，當他們站在講臺上不卑不亢、不驕不躁地講述他們的發現，當他們在餐桌上很隨意地詼諧了一下，你就會覺得這些先生真是很有神采，使你對你眼前的形象過目不忘，永聳心中。有時我會惡想：如果這些先生不是讀書人又將如何？我且不說他們的內心因精神缺失會陷平庸與俗氣，就說其表，大概也是很難讓人恭維的。此時，我就會驚嘆讀書的後天大力，它居然能將一個外表平平甚至偏下的人變得如此富有魅力，使你覺得他們的奕奕風範，好不讓人仰慕。此時，你就會真正領略「書卷氣」的迷人之處。

我們還可以將讀書當宗教來看待——讀書也是一種宗教。尼采言：上帝已經死亡。於是，世界覺得此事十分嚴重。其實，也就是那麼回事。這個虛設的上帝去了就去了吧！也沒有什麼大不了的，我們不是還有書在嗎？書也可以成為我們的依託。我們何不將書也看成是上帝？而且這是可以與我們平等對話的可親、可愛的上帝。寂寥無依的夜晚，我們可以敞開心扉，將心中的委屈、怨恨以及無法言表的一切向它毫無保留地傾訴，並可得到它的指引。每一本好書，都是暗中的一道亮光。這一道道亮光，將給我們一葉一葉暗空下的扁舟引航，直至尋找到風平

浪靜且又萬家燈火的港灣。我們應有這樣的古風：沐浴雙手，然後捧卷。在一番宗教感覺之中，你必將會得到書的神諭。

我們對讀書做了如此一番幾近詩化的讚美，卻並不含這樣的意思：讀書便是一切，讀就是一切。

從長知識、增智慧、養精神諸方面講，不是單純的讀書就能達到完滿境界的。還得有人生的經驗墊底，才能將書讀好。人生的經驗越厚實，書就讀得越好。世界上凡讀書讀得好的人，在人生的經驗方面都不是很簡單的人。經驗決定著讀書的成效。而讀書的成效又轉而影響人生經驗的深度與廣度。如此這般，那書讀得如何，也就可想而知了。

就讀書本身來講，自然還得有所講究。有這些講究，才能有助於將書讀好。

讀書應有停頓——突然地中斷閱讀而思考已被閱讀的那些東西。當然，一般俗眾的閱讀，完全沒有必要這樣要求。俗眾的讀書與讀書人的讀書應作兩回事看。前者是一種被動的閱讀，是不費神的，費神就違背俗眾讀書的本意了，他們的本意是消遣。而讀書人的閱讀，固然不能排除消遣這一層次，但絕非滿足滯留在這一層次上。讀書人的讀書帶了聯想與思考的痛苦。他們的閱讀快感，不是在被動接受上，而是在接受時不斷擴大收穫的過程中。這就像兩個兒子接受遺產，大兒子僅僅看到了他所繼承的那部分產業，而二兒子卻把他繼承的那部分產業當成了資本，而看到了投資後的擴大、再擴大的輝煌景象。讀書人得有那二兒子的活泛思路與主動精神。

世間有許多讀書種子。但他們的讀書似乎與他們的精神無補，反而讀成呆子，讀成迂腐可笑之人。曹聚仁先生說，他曾聽說過浙江金華有個姓郭的，書讀到能將《資治通鑑》背誦一番的程度，但寫一個借傘的便條，卻寫得讓人不堪卒「讀」（那便條寫了五千餘字）。讀書多，莫過於清代的樸學家，然而，像章太炎那樣令人欽佩的樸學大師又有幾個？我認得一位教授先生，只要提起他來，人們第一句話便是：此人書讀很多。然而，他的文章我才不要看。那文章只是別人言論的聯綴與拼接，讀來實在覺得沒有意思。讀書不是裝書。讀書用腦子。腦子給了讀書人，是讓讀書人讀書時，能舉一反三，能很強健地去擴大知識的。箱子便只能如數裝書，有些人讀一輩子書，讀到終了，不過是只書箱子而已。

從前有不少人琢磨過如何讀書。阮葵生在《茶餘客話》中有段文字：「袁文清公桷，為湘江世族，受業王深寧之門，嘗云：『予少年時讀書有五失：泛觀而無所擇，其失博而寡要；好古人言行，意常退縮不敢望，其失儒而無立；纂錄故實，一未終而屢更端，其失勞而無功；聞人之長，將疾趨而從之，輒出其後，其失欲速而好高；喜學為文，未能蓄其本，其失又甚焉者也。』」袁氏之言，我雖不敢全部苟同，但大都說在了讀書失當的要害之處。而其中「好古人言行，意常退縮不敢望」，我以為是讀書的大忌。

更有甚者，還有讀書把人讀糟了、讀壞了的。周作人當年講：「中國的事情有許多就壞在這班讀書人手裡。」抽去這句話當時的具體所指，抽象一點說，這句話倒也說得通：中國的事壞在一些讀書人手裡的還少嗎？

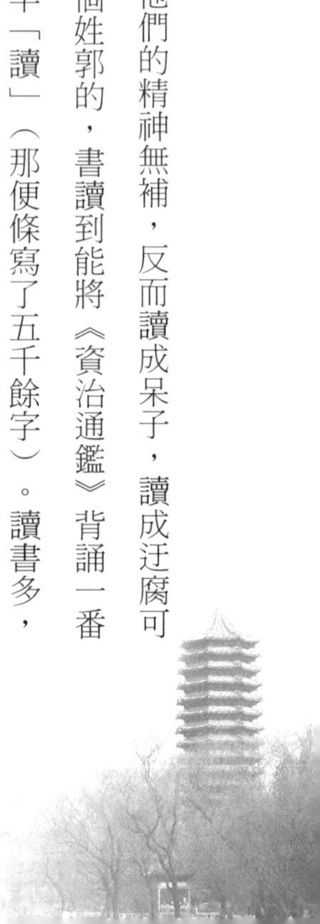

這文章前後兩部分似乎有些矛盾。但我以為，我必須這樣做。我當為讀書竭盡讚美之辭。但又明說：不是所有讀書和所有讀書人都可配得上如此讚美的。這文字的背後藏了一個企圖：但願天下讀書人，都能將書讀好，都能抵達那些被我讚美的境界。

曹文軒（1954～），江蘇鹽城人。現代文學家、兒童文學作家。1977年畢業於北京大學中文系，並留校任教。《兒童文學》編委。論著有《中國八十年代文學現象研究》、《追隨永恆》，文學作品有《牛椿》、《再見，我的小星星》等。

讀書，讀什麼書？

陳平原

小時候背了許多關於讀書的詩歌與格言，概括成一句話，那就是「開卷有益」。在書山文海裡折騰了幾十年，自覺略有長進，悟出的竅門竟是：「開卷」未必「有益」。說來令人掃興，就連這點可憐的心得，也都讓古人佔了先。孟子說「盡信書則不如無書」，這還算客氣的；李贄的話更狠毒：「世上何人不讀書，書奴卻以讀書死。」

拒絕當「書奴」，很想挺起腰桿，認認真真讀書，堂堂正正做人。虛心請教飽學之士，得到的竟又是一句大白話：多讀好書，不讀壞書。可是什麼是「好書」？不要說宋、元、明、清說法不一，即便舉世豪傑，也都各說各的。至於因時勢變遷而「好書」變「壞書」、「壞書」變「好書」，這樣「充滿辯證法」的戲劇性場面，已經看得夠多了，你讓我聽誰的？最保險的或許是像韓愈所說，「非三代兩漢之書不敢觀」；因歷經千年風浪，能傳下來的一般都是好書。可是即使你放寬眼界，把古希臘、古印度也算上，唯讀古代經典者，其知識結構仍嫌過於陳舊殘缺。

於是有了一種變通的說法：「讀名著」。馬上碰到的問題是：什麼時候、並由誰來確定何

者為「名著」？愛默生在介紹其讀書經驗時稱：「非名著不讀；出版不到一年的書不讀」。這裡似乎有個不大現實的假設：書籍出版一年後，便能大致判定其價值。人類文化史上，好書長時間被埋沒的例子不勝枚舉。至於學識淵博且出以公心的「大家」，也有看走眼的時候；更不要說淺學之士的信口雌黃。世人以為「名著」者，未必我喜歡；反過來，令我心靈顫動、眼界大開的好書，世人未必承認是「名著」。

不過，話雖如此，還是希望有人提醒我，這百年、這十年、乃至這一年出版的書籍中，哪些值得一讀。走進越來越擁擠的圖書館，或者越來越蕭條的書店時，這種感覺十分強烈。古人說，「通千曲而後知音，觀千劍而後識器」，這話絕對正確，可是現代人沒時間一切從頭摸索，不能不藉助專家的指點。朋友見面，第一句話常常是：「最近有什麼好書？」好書不常見，埋沒了實在可惜，偶爾見到稱心如意者，朋友們便會奔相走告。可惜，這樣的機會並不多。

暫時把「好書」的範圍縮小，就談學術著作吧！以中國學術人口之龐大，即便專業性較強的書，也不該像現在這樣被冷落。如今是寫書的埋怨出書的，出書的埋怨賣書的，賣書的埋怨買書的，買書的埋怨寫書的……如此循環往復，幾乎成瞭解不開的「死結」。沒有人敢立下軍令狀，保證三年五載扭轉乾坤；可是同樣也沒有人敢斷言，這「死結」永遠解不開。相信會有許多「突圍」的辦法，我只能設計最簡單的：從書評入手。

在我看來，告訴讀者什麼書是好書，遠比謾罵滿街都是壞書重要得多。相對來說，只要有勇氣，罵壞書遠比評好書容易。後者除了學識與眼力，還要求認真的閱讀，不是每個人都能做或都願意做的。評書需要顧及整體，落筆時不免字斟句酌；罵人則可以攻其一點不及其餘，盡可「瀟灑走一回」。世人普遍歡迎罵人的文章，因其「痛快」。可是對於真想讀書的人來說，這種「痛快」的文章其實意義不大。何況對於出版業來說，更重要的是推出好書。

如此說來，書評很重要。其實道理誰都懂，就是操作起來難度很大。單看目前國內出版的若干關於讀書的報刊，不是讀後感，便是借題發揮（還不算哥兒們之間的互相吹捧與門戶之見的互相辱罵），難得真正意義上的「書評」，你就能想像得到此事並不那麼簡單。

「借題發揮」的文章近乎散文隨筆，好寫也好讀，目前是各讀書報刊的門面。筆者不才，也曾濫竽幾回。以我個人的經驗，寫此類文章時可以不讀書，讀此類文章後可以不買書。這種文章自有價值，可是若想將其做為「購書指南」，則必然大失所望——人家本來就沒這種設想，誰讓你自作多情？至於「讀後感」，作者往往因學識所限，只能連摘帶抄，根本無力加以評判。大眾化的讀物，「借題發揮」或「讀後感」都還能對付；專業性稍強的，可就徒喚奈何了。

書評而以文采見長，這與目前報刊發表的談書的文章，大都出於作家或記者之手有關。單看介紹，似乎遍地珠璣；可是若按圖索驥，難免大呼上當。

也怨學者失職，不該讓好書、壞書一鍋煮。可是從事專業研究的人，誰願意花半個月時間讀一本幾十萬字的大書，再花一週時間寫一篇千字短文？況且，這又不算什麼學術成果，評職

稱時用不上。而專業的書評家（在中國有沒有是另一回事），知識面再廣，也不可能瞭解那麼多領域的學術進展，必然只能「統而言之，大而化之」，抄一點作者的前言後記，再研究一點筆墨情趣。這種「書評散文化」的傾向，並非自今日始，但確實是隨著近年「散文隨筆熱」的興起而進一步強化。

書評的建設，有賴於學界與新聞出版界的共同努力。大方針管不了，我只能想些小問題。比如，能否聘請不同領域的專家做為顧問，定期推薦書目，再由報刊編輯組織撰寫書評？又比如，書評的撰寫，能否少一點文學色彩，多一點學術性？還有，能否大幅度提高真正的書評的稿費？最後一點，「一說便俗」，可是又不能不說。實在想不出什麼高招，如此「雞零狗碎」但願能免不賢識小之譏。

陳平原（1954～），廣東潮州人。曾就讀於中山大學，1987年在北京大學獲文學博士學位。現為北京大學中文系教授。論著有《在東西方文化碰撞中》、《書裡書外》、《二十世紀中國小說史》等。

後記

巍巍上庠，群星燦爛，在北京大學一百多年的發展歷程中，湧現出了一大批出類拔萃且影響甚巨的大師級學者。文質相炳煥，眾星羅秋旻。無數大師的生命軌跡始終與國家民族的發展歷程相伴相隨，大師們用自己的心血和生命為北京大學描畫出一幅千帆競進、雲蒸霞蔚的壯闊圖景，鑄就了北京大學與國家民族休戚與共的優良傳統，建構和充盈了北京大學曆久而彌新的精神魅力。

中國自古以來就有崇尚讀書的好傳統。在中國傳統文化的人文精神中，包含著一種上薄拜神教，下防拜物教的理性精神。上薄拜神教，即不信怪力亂神，重視現實社會中的人，而對人來說，文化教育最重要；下防拜物教，即節制物欲，追求自身素質與道德修養。人文精神的核心是以人為本。所謂以人為本即是以人為出發點並以人為終極關懷。《大學》等經典早就告訴我們讀書的宗旨在於弘揚光明正大的品德，在於使人棄舊圖新，在於使人達到最完善的境界。進一步說，良好的閱讀可以使我們達到這樣三個目標：繼承並重視文化的價值；對獨立人格的追求；對社會的責任感。

一個國家、一個民族能否得到世界上其他民族的尊敬，很大程度上取決於這個民族整體的文化修養水準，而公民素質的培養主要途徑之一就是讀書，閱讀可以開闊公民的眼界，啟發公

民的智慧，培養公民的民族自尊心、民族自豪感和愛國熱情。

學者大師們在為國家民族及北大增光添彩的同時，還諄諄教導學子們如何做人、治學和讀書，北大學者的魅力與價值，不僅存在於那些可讀可見的經典著述和科研成果之中，更蘊涵在那種可感可歎的高風亮節精神氣度之中。還體現在日常教學精心培育弟子學生的授課實踐中。直到今天，我們仍然在以不同的方式追憶著北大學者那「煦煦春陽的師教」和白衣飄飄的「名士風度」。其目的，就是在這種深情的追慕中，不斷地反思、探討、闡述、豐富北大的精神傳統，促進中華民族在新時期實現偉大的復興。在追述北大精神和大師風度的眾多成果中，我們編輯了《北大人文與風物叢書》四冊，在此之前，我在1996年和時任北大教務部副部長的楊承運、信息管理系的孟昭晉兩位教授編輯了一份小報《燕園導讀》，其中我負責的一個欄目就是「北大學者談讀書」，1998年編輯完成這本小書，本想在百年校慶時問世，經過一番輾轉周折，2000年由北京圖書館出版社出版，受到讀者的歡迎和好評。曾被北京書市評為「最受讀者歡迎的書」，2002年出版了修訂版，還在2003~2005年度被國家文化部、財政部選入「送書下鄉工程」用書。2011年能夠出版繁體本，我衷心感謝，謹以此書獻給遠在寶島的臺灣大學、南華大學、世新大學、文化大學、淡江大學的師生和圖書館界、出版界的朋友們，二十年來我們多方合作結下深厚的友誼，該書有不當之處敬祈諸位指正。

蕭東發　2011年10月于燕園

國家圖書館出版品預行編目資料

成就自己的閱讀方法：北大學者談讀書／蕭東發編選.
——第一版——臺北市：宇河文化出版；
紅螞蟻圖書發行，2012.1
面　公分——(Reading；16)
ISBN 978-957-659-880-7（平裝）

1.讀書 2.文集

019.07　　100025364

Reading 16

成就自己的閱讀方法：北大學者談讀書

編　　選／蕭東發
美術構成／Chris' office
校　　對／楊安妮、鍾佳穎、蕭東發
發 行 人／賴秀珍
榮譽總監／張錦基
總 編 輯／何南輝
出　　版／宇河文化出版有限公司
發　　行／紅螞蟻圖書有限公司
地　　址／台北市內湖區舊宗路二段121巷28號4F
網　　站／www.e-redant.com
郵撥帳號／1604621-1　紅螞蟻圖書有限公司
電　　話／(02)2795-3656（代表號）
傳　　真／(02)2795-4100
登 記 證／局版北市業字第1446號
法律顧問／許晏賓律師
印 刷 廠／卡樂彩色製版印刷有限公司
出版日期／2012年1月　第一版第一刷

定價 250 元　港幣 83 元

ISBN 978-957-659-880-7　　Printed in Taiwan